安徽省2013年高等学
"物流管理专业教学团队"

吴邦雷　余治国 ◎ 著

金融

史海拾贝

JINRONG SHIHAI SHIBEI

安徽师范大学出版社

· 芜湖 ·

责任编辑:祝凤霞
封面设计:陈　爽
责任印制:郭行洲

图书在版编目(CIP)数据

金融史海拾贝/吴邦雷,余治国著. —芜湖:安徽师范大学出版社,2015.4
(2025.1 重印)

ISBN 978 – 7 – 5676 – 1928 – 9

Ⅰ.①金…　Ⅱ.①吴…②余…　Ⅲ.①金融 – 经济史 – 中国 – 古代
Ⅳ.①F832.92

中国版本图书馆 CIP 数据核字(2015)第 055292 号

金融史海拾贝

吴邦雷　余治国　著

出版发行:安徽师范大学出版社
　　　　芜湖市九华南路 189 号安徽师范大学花津校区　　邮政编码:241002
网　　　址:http://www.ahnupress.com/
发 行 部:0553-3883578 5910327 5910310(传真)　　E-mail:asdcbsfxb@ 126. com
印　　　刷:阳谷毕升印务有限公司
版　　　次:2015 年 4 月第 1 版
印　　　次:2025年1月第2次印刷
规　　　格:889 mm ×1194 mm　 1/32
印　　　张:4.875
字　　　数:110 千
书　　　号:ISBN 978 – 7 – 5676 – 1928 – 9
定　　　价:35.00 元

序

从生物演化的角度看人类文明史,如同白驹过隙,忽忽已过。数千年的时间无法对人的生理结构产生决定性影响,古人的大脑与今人并无差异。遗憾的是,在经济学领域,经济史研究被人视为经济学研究的"旁门左道",最多也就是作为辅助性质的工具而已。即便同样是经济史,世界经济史逐渐在热门的经济学和金融学的带动下成为显学,诸多学术性或普及性的著作问世,作者队伍中既有学院派学者也有实战派人士。前些年,我们也追随潮流,写过国际金融史方面的著作。

与之形成鲜明对比的是,中国古代与近现代经济史的研究,却成了一门隐学,很少受到人们的关注。其实,中国具有悠久深远的史学传统。司马迁在《报任安书》中说:网罗天下放失旧闻,考之行事,稽其成败兴坏之理……究天人之际,通古今之变。唐太宗李世民也讲过:以铜为鉴可正衣冠,以古为鉴可知兴替,以人为鉴可明得失①。

中国的历史文献,正史典籍或私史笔记都浩如烟海,是人类

---

① 见《新唐书》。

文明的文献宝库。不去发掘，实在可惜。2013年8月，习近平总书记在全国宣传思想工作会议上提出：对我国传统文化，对国外的东西，要坚持古为今用、洋为中用，去粗取精、去伪存真，经过科学的扬弃后使之为我所用。

"周虽旧邦，其命维新。"①马克斯·韦伯也曾讲过："一个伟大的民族并不会因为数千年光辉历史的重负就变得苍老！只要她有能力有勇气保持对自己的信心，保持自己历来具有的伟大本能，这个民族就能永远年轻。"②

以上所述正是本书出现的背景。如果说，金融史就像一片浩渺无尽的沧海，我们无非是在海滩上偶尔看到几片精巧的贝壳，于是拾起它们，仔细鉴赏一番。这就是本书书名的由来。

本书主要分为三大部分：第一部分前五篇由余治国副教授撰写，后三篇由吴邦雷副教授撰写。现代货币经济学理论学派众多，观点纷纭，现代货币金融现象尤其是衍生金融复杂多变，头绪万千。仅就通货膨胀现象来说，连定义都没有一个统一的标准。与之相比，中国古代货币金融现象要简单得多。因此，通过对中国古代通货膨胀发生的过程、起因及其影响的分析，可以抽取出一些更具实证性的规律。第二部分由吴邦雷副教授撰写。最近几年，民间信用多向高利贷信用发展。民间信用与房地产经济关系密切，两者结合在一起形成了对宏观经济产生巨大作用的影子银行体系。中国古代的信用主要就是采用民间信用的形式，有趣

---

① 见《诗经·大雅·文王》。
② 韦伯：《民族国家与经济政策》，甘阳等译，北京：生活·读书·新知三联书店，1997年版，第108页。

的是,古代民间信用多为高利贷信用,并与土地经济交织在一起。这一部分通过对中国古代信用尤其是高利贷信用与土地经济的分析,可以给现代影子银行体系的发展提供一些参考。第三部分由吴邦雷副教授撰写。银块本位制的建立,使明政府完全丧失了货币发行的自主权,从而导致在特定条件下政府财政收支的恶化。这是明代灭亡的一个重要原因。

最后要感谢安徽机电职业技术学院院长姚本先教授的鼎力支持,还要对诸多同事长期而愉快的合作表示诚挚的感谢。我们并非历史学出身的专家,只能凭着粗浅的历史学学养,以现代经济学和金融学理论来研究金融史的几个小片断。错误在所难免,敬请史学方家给予斧正。

目　录

序 ·· 001

一　中国古代的"通货膨胀" ····························· 001

1. 中国古代繁荣的货币经济 ································ 002

2. 两汉时期的通货膨胀 ····································· 008

3. 战争是古代通货膨胀的祸首 ························· 015

4. 从货币到纸币：世界上最早的纸币经济 ············· 022

5. 通货膨胀由铜钱时代的百倍到纸币时代的亿倍：

　　金朝不稳定的纸币经济 ······························ 029

6. 面对纸币，南宋皇帝难以安眠 ······················· 035

7. 纸币成为蒙古贵族搜刮财富的工具 ················· 042

8. 中国古代纸币经济的黯然谢幕 ······················ 048

二　中国古代的信用与高利贷 ··················· 055

1. 两汉时期的高利贷经济 ································ 056

2. 南北朝佛教的兴盛与寺庙银行 ······················ 063

3. 规模庞大的唐代高利贷经济 ………………… 070

4. 宋代的高利贷网络与王安石变法 …………… 077

5. 军队经商是两宋武力不振的重要原因 ……… 085

6. 官场人脉是明清商帮的核心竞争力 ………… 094

三 从明代货币自主权的丧失谈明清白银经济 ………… 103

1. 早期资本主义世界体系中的中国 …………… 104

2. 从铜钱到白银的货币革命 …………………… 110

3. 白银革命、一条鞭法与利益集团 …………… 115

4. 货币自主权的丧失是明亡的重要原因 ……… 123

5. 明清嬗代与文明倒退 ………………………… 130

6. 鸦片贸易与白银经济的衰落 ………………… 137

主要参考文献 …………………………………………… 146

一 中国古代的"通货膨胀"

1. 中国古代繁荣的货币经济

恶性通货膨胀猛于虎。在物价普遍高涨的时代,社会中下层辛辛苦苦存下的钱迅速被恶性通货膨胀这头怪兽所吞噬。普通老百姓常常将用血汗积累的财富存入银行,但由于恶性通货膨胀,各种商品和资产的价格不断上涨,货币随之不断贬值,老百姓最终只能眼睁睁看着自己的存款渐渐缩水。这便是恶性通货膨胀所导致的严重后果。

既然通货膨胀的后果如此严重,那么政府为什么不采取强有力的措施来控制通货膨胀呢?

绝大多数人一看到物价上涨,就会不由自主地说这是因为纸币印刷太多,所以钱越来越不值钱。还有人会引用一些经济学家的名言来说明通货膨胀的原因是纸币超发,比如"过多的货币追逐过少的商品"①。那少印钞票不就能解决通货膨胀了吗?

其实,现代社会的货币经济并非人们想象的那样只是纯粹的纸币经济,而是一个极为复杂的货币与信用循环的大系统。纸币

---

① "过多的货币追逐过少的商品"是货币主义经济学家米尔顿·弗里德曼的名言。在他看来,任何通货膨胀都只是一个货币问题,商品价格的普遍上涨,就是货币太多的缘故。其实通货膨胀的原因远非这么简单。

印刷过多导致恶性通货膨胀的现象在现代社会从来就不存在,但这种现象恰恰在古代社会出现过。因此,要分析通货膨胀的原因,可从机理较为简单的中国古代货币经济谈起。

两次鸦片战争之后,很多中国人被西方的坚船利炮吓破了胆。在晚清时期,在华的外国年轻人"把中国人当作球踢以取乐"①,而清政府官员的对外态度是"在任何情况下,连碰都不敢碰到外国人"②。这种错误的认识在少数现代人的大脑里依然残留,他们言必称古希腊、古罗马。其实,中国古代人的聪明才智让我们现代人汗颜。

我们现代人以为古代人交易时所用的钱是金子、银子和铜钱,甚至还有人以为,中国古代是自给自足、男耕女织的小农经济。

实际上早在战国时代,中国的货币就领先于古希腊、古罗马。在古希腊、古罗马,金银是货币的主要材料,而中国在战国时代便以铜为货币了。金银价值比较高,老百姓不可能用来购买油盐酱醋茶。金银只能在贵族或大商人之间流通,涉及的一般是大额交易,尤其适用于古代地中海地区的对外贸易上。铜钱价值比较低,可以用在老百姓吃穿住行的小额零售交易上。有专家据此推断,货币经济在当时就已经深入普通中国老百姓的日常生活中,中国的商品经济、货币经济比古希腊、古罗马的要发达得多。

有人说中国古代重农抑商,其实战国时代的大商人权势熏

---

① 严中平:《中国近代经济史 1840—1894》(上册),北京:人民出版社,1989 年版,第 30 页。

② 1861 年 5 月 30 日卜鲁斯致罗素发文第五十六号。转引自严中平:《中国近代经济史 1840—1894》(上册),北京:人民出版社,1989 年版,第 24 页。

天,甚至能独霸一方、只手遮天。陶朱公、范蠡、吕不韦、计然、白圭,这些我们耳熟能详的古代商人都是鼎鼎大名的历史人物。司马迁在《史记·货殖列传》中记载:千金之家比一都之君,巨万者乃与王者同乐。今有无秩禄之奉,爵邑之入,而乐与之比者,命曰"素封"。即使是所谓的千古一帝秦始皇面对巨商大贾也不敢怠慢。

现在一提到甘肃,就想到"贫困地区"。秦朝的甘肃却是出了名的富裕。甘肃平凉、固原一带是秦朝的北地郡乌氏县,当时该地聚居着大量的戎族,称为乌氏戎。乌氏戎有位叫倮的人(乌氏倮)是闻名全国的大商人,也是中国最早的少数民族企业家。乌氏倮只有一"多",牲畜多,多到无法用简单的头、匹来计数,只能用多少"山谷"的牛羊来计数[1]。乌氏倮提供大量战马给秦始皇,为秦国统一天下立下汗马功劳。秦始皇给乌氏倮以等同于王侯的待遇,他可以和秦国大臣们一样,进宫朝见,参议国家大事,享有商人、贵族与官员的三重身份。

重庆涪陵出过一个中国最早的女企业家,史书上叫寡妇清。她早年嫁给一位青年企业家,但不幸丈夫早逝,寡妇清主持起丈夫留下的开汞炼丹业。她的生产销售网络遍布全国,成为当时富甲天下的垄断企业。秦朝对民间进行刀具管制,任何兵器不得私藏。但秦始皇对富甲天下的寡妇清格外开恩,允许她豢养一支庞大的私人武装,来保护其遍及全国的商业网络。寡妇清晚年将全部财富捐给秦始皇修长城,还为秦始皇修建陵墓提供大量的朱砂和水银。秦始皇封她为"贞妇"并诏她住进皇宫,给予公卿王侯

---

① 见《史记·货殖列传》。

的礼遇。富贵如此,夫复何求啊①?

商业的发展必然造就繁荣的货币经济。我们可以算笔账:在没有货币流通只能采用以物易物的情况下,如果市场上有 2 种商品进行交换,2 种商品可以互相作为对方的价值表现,那么用来评估商品价值的计算方式为 1。如果有 3 种商品进行交换,同样的方法可以得到计算方式为 3。如果有 4 种商品,计算方式为 6。如果市场有 1 000 种商品,则有 499 500 种计算方式。如果商品的数量有上万种,计算的方式更是多得骇人。当用货币来计价时,有 1 000 种商品的市场只需要有 1 000 种价格就可以了②。因此,货币的应用可以大大降低商品交换的交易成本,方便人们之间交易。

战国货币由商人组织铸造,作为筹码在市场上循环流通。商人用铜铸造各种式样的钱向农业与手工业的生产者购买商品,这些生产者又作为消费者用钱来购买消费品。当时各个诸侯国的货币式样差异很大,各国之间商品流通极为不便。

秦始皇统一天下也统一了货币。现在看来,一国使用一种货币是理所当然的事情。其实,货币的统一不是那么轻而易举的事。想一想欧元的艰难历程,想一想现在要把多种货币统一为一种货币有多么困难,就知道秦始皇的壮举是多么伟大!

秦始皇实行的是金钱本位制③,金是黄金,钱是铜钱。这种货币制度是一种复本位制。其中,黄金是上等货币,黄金仅限于

① 见《史记·货殖列传》。

② 在物物交换的条件下,市场上有 n 种商品进行交换,需要有 $n(n-1)/2$ 种计算方式,才能完全表现出每一种商品的价值。而在货币经济中,计算方式只有 n 种,也就是说,只要标上 n 个商品的价格就可以了。

③ 彭信威:《中国货币史》,上海:上海人民出版社,1988 年版。

帝王的赏赐和贵族之间的馈赠。铜钱是下等货币,用于民间的日常交易。铜钱的铸币权在秦朝收归政府所有,政府统一规定铜钱的重量与式样。当时铜钱以重量为单位,规定1两为24铢,一枚铜钱的法定重量为12铢,因此秦钱又俗称半两钱。半两钱内方外圆,这种铜钱式样自秦一直流行到清末。

西汉初年,政府只负责规定铜钱重量与式样,铸币权下放给私人,铜钱可由私人自由铸造。这种自由只是贵族、豪强和富商们的自由。他们占有铜矿山,拥有雄厚的资本和专门的技术。那些既无钱又无权的平头百姓是无力享受这种自由的。

私人铸钱的代表人物是邓通。越是有权势的人越可能迷信命运与鬼神,汉文帝也不例外,他信鬼神、好长生。有一天,文帝梦到自己要飞升上天,但怎么都飞不上去,这时有一个黄头郎推了他一把助他登天,他回头看到黄头郎穿了一件横腰的单短衫,衣带系结在背后。汉文帝梦醒后四处寻找梦中之人。恰好四川人邓通的衣着打扮正合此梦,而邓通阿谀奉承的功夫十分了得,甚得文帝的欢心。于是本是船夫的邓通扶摇直上,官至上大夫。又一次,文帝让算命先生为邓通相面。算命先生说:"当贫饿死。"文帝反驳道:"能富通者在我也,何谓贫乎?"①皇帝一言九鼎,说到做到。文帝将四川的铜山都赏赐给邓通,准许他铸钱,邓通因此成为大富之人。

贵族铸钱的代表人物是吴王刘濞。吴王刘濞占据东南沿海的多铜地区,铸钱30多年,富甲天下。刘濞十分善于治理国民经济。他统治下的吴百业兴旺,老百姓无需交税也不需要服劳役。

① 见《史记·佞幸传》。

普天之下，莫非王土，皇帝最不愿意看到地方势力坐大。汉景帝采纳了御史大夫晁错的建议，准备削夺诸侯封地。刘濞以诛晁错、清君侧为名，联合刘氏诸侯起兵造反，史称"七国之乱"。叛乱很快被平息，刘濞兵败被杀。景帝趁机将各诸侯国的行政大权收归中央，并在公元前144年颁布法令，禁止民间私铸货币。

到汉武帝时代的公元前118年，西汉政府才完全掌握了铸币权，统一铸造并发行历史上著名的五铢钱。五铢钱是中国历史上用得最久、最成功的货币，作为全国统一的法定货币被沿用了700多年。

自此，中国古代货币发行与流通的渠道发生了根本性的转变。那时没有现代银行，货币通过官员工资、奖金的发放或政府的其他开支从国库流入官吏和商人手中，官吏手中的货币也通过购买商品流入商人手中。商人购买农业与手工业小生产者的产品使一部分货币流入普通老百姓手中，普通老百姓购买生活消费品和生产资料又让这部分货币回到商人手中，最后通过赋税的形式流回国库，形成一个完整的循环系统。

2. 两汉时期的通货膨胀

翻开中国几千年波澜壮阔的历史画卷,我们发现,金属货币并不能阻止恶性通货膨胀的发生。当然,现代的通货膨胀的结果无非是财富缩水、老百姓生活水平下降,而古代的恶性通货膨胀则关系着老百姓怎么生存。两汉时期就发生过四次要人命的恶性通货膨胀。

第一次要数汉初通货膨胀。千百年来,人们都津津乐道于帝王将相史,平头百姓的痛苦却被忽略不计。秦末战争持续十几年,大小战役百余场,死伤几百万人。项羽火烧阿房宫,大兵所到之处,玉石俱焚。刘邦称帝连四匹同色的马都找不到,大臣们只能乘坐牛车上朝,平民生活更为艰辛凄惨。战乱使当时的社会生产大倒退,各种物资均短缺,尤其是粮食和马匹极度匮乏,物价必然普遍上涨。

西汉初年,国家每年财政收入不到40亿钱。即使以40亿钱算,按当时物价,只能买4 000匹马或40万石米①。40万石相当

---

① 秦汉时代的铜钱单位一般都用重量单位来计量。汉朝的1石相当于现在的30斤。10钱为24铢,24铢为汉朝的1两。汉朝的16两为1斤。汉朝的1斤相当于现在的250克。

于现在的 1 200 万斤,按全国人口 2 000 万算,人均年供应不足 1
斤。为了搜刮民间财富,汉初统治者有意降低铜钱中的含铜量,
这样相同重量的铜材就可以铸造更多数量的铜钱。结果,通货膨
胀愈加严重,1 石米要卖 5 000 钱到 1 万钱,1 匹马价值 100 万钱。
与秦汉时代的正常年份相比,粮食价格上涨了 180~350 倍,马匹
价格大约上涨了 230 倍。按照一家 5 口人计算,汉初普通人的家
庭财产不超过 3 万钱,倾家荡产也只能买到 90 斤米,仅能维持一
家人一个月的口粮。西汉在开国之初便出现了老百姓失去产业,
大饥荒蔓延,死者过半……刘邦只好下诏,让老百姓卖儿卖女换
口饭吃,并建议老百姓到外地逃荒做乞丐[①]。

　　长安的皇帝非常清楚,通货膨胀最主要的原因是生产倒退、
供给不足。汉初几代皇帝都坚持将农业作为立国之本,积极推动
农业发展来保障供应,稳定物价。经过 70 余年的休养生息,到汉
武帝即位时,米价降到 1 石 10 余钱。当时普通人的家庭财产约
10 万钱,能购买近 3 万斤米,生活水平比汉初提高了 300 多倍。
经济基础决定上层建筑,拥有雄厚财力的汉武帝踏上北击匈奴的
光辉历程,汉匈战争正式爆发,导致两汉第二次大通货膨胀。

　　游牧民族几千年来一直是中原王朝的大敌,他们无数次侵扰
中原,甚至在元清两代还入主过中原。游牧民族强悍善战的主要
原因在于其生活生产方式。游牧生活居无定所,生产不易受战争
的破坏。游牧民族以战养战,一旦得胜便可以抢掠巨量的中原财
富,即便遭遇大败,无非是换个地方继续骑马牧羊。出身事弓马,
少年有胆气,牧民生长于马鞍之上,平时的放牧活动训练了他们

---

　　① 　见《汉书·食货志》。

马上作战的能力,游牧生活锻炼了他们勇猛善战的习性和孔武有力的体格。

中原王朝正相反。中原人以精巧的技术、高深的学问和温文尔雅的行为为荣,以好勇斗狠、粗犷剽悍为耻。中原王朝社会结构复杂,劳动分工精细,大部分人从事生产活动,只有少数人适合当兵打仗。中原王朝的生产和军事是背离的,强大的经济实力无法有效转化为军事实力。要将中原武士的战斗力提升到匈奴人的水准,中原王朝必须要花费巨额的财富。中原王朝的军队在进攻游牧民族时,必须要依靠中原的财富来支持。冷兵器时代的通讯、物流技术水平与现在无法相比,中原王朝一旦对游牧民族发动大规模战争,必将在后勤补给上耗费海量的人力、物力和财力。汉武帝北击匈奴就面临着这样的难题。

公元前200年,刘邦在山西大同的白登山败于匈奴冒顿单于。自此,汉初对付匈奴采用和亲政策的战略守势。汉武帝即位后由战略防御转向战略进攻。卫青、霍去病等名将先后夺取河套、河西地区[1],并在漠北重创匈奴主力。汉代对匈奴的大反攻却将汉王拖入财政困境。当时,军费要占财政收入的34.7%,军队的粮食消耗达到全国田租的14.5%,以致国库空虚,即使增加了赋税,军队供养也不足[2]。

战争高于一切,汉武帝绞尽脑汁地筹措军费。公元前119

---

[1] 河套在今天的陕西北部、宁夏到内蒙古地区,包括包头、鄂尔多斯和呼和浩特等城市。河西在今天的甘肃西北与新疆东部地区,著名的敦煌即在河西。漠北在今天的蒙古人民共和国到俄罗斯贝加尔湖的广大地区。参见谭其骧:《简明中国历史地图集》,北京:中国地图出版社,1991年版。

[2] 黄今言、陈晓鸣:《汉朝边防军的规模及其养兵费用之探讨》,《中国经济史研究》,1997年第1期,第86–102页。

年,汉武帝打算将72.5万的关东贫民迁徙到北方边境屯田戍边,但国家却没钱来组织这个战略行动①。于是,汉武帝下令铸造白金来支持大规模的移民活动。白金分为龙币、马币和龟币,分别值3 000钱、500钱、300钱。但白金作价过高,就拿其中的龙币来讲,重8两,每两合375钱,当时的银价最多才值125钱②。

汉代白金不是铂金,而是一种银锡合金。但政府没规定银锡的比例,这对于盗铸者来说是一种极大的诱惑。汉律规定盗铸者死,但人们仍然不断盗铸。白金发行5年后,因盗铸钱币被杀的人有几十万,但盗铸之风仍然无法遏制。当时的民众,要么当兵打仗,要么从事盗铸白金的投机生意,要么逃亡为盗……整个社会生产秩序已无法维持。这导致物价飞涨,通货膨胀严重,比如马的价格从每匹5 000多钱上涨到20万钱。

为了控制通货膨胀、平抑物价,汉武帝任用理财高手桑弘羊为大司农。大司农是主管全国财政经济的官员。桑弘羊在全国推行了均输、算缗和平准政策。均输政策,就是地方上交中央的贡品,一律按当地市价折合成当地出产的实物,交纳国家后,由政府统一调运到缺乏这些产品的其他地区出售。中央政府利用地区之间的产品差价获得高额利润。

算缗政策有点类似于现在的财产税。算缗中的1算为200钱,1缗为1 000钱。凡从事工商业者,都要如实向政府呈报财产数,2缗抽税1算;小工商业者可以减半抽税。凡平民乘马车者,一辆马车抽税1算,运货的马车抽2算,船长5丈以上的抽1算。

---

① 见《汉书·武帝纪》。
② 见《汉书·食货志》。

随后,汉武帝推出告缗令,鼓励大家告发瞒报财产的人,经调查属实者,被告人戍边一年,所有财产一半充公,一半奖励给举报人。告缗令推出后,中产以上的家庭纷纷破产,而政府搜刮了无数的民间财富。

均输和算缗政策实行之后,政府手中掌握了大量物资,桑弘羊开始推行平准政策来控制通货膨胀。平准是设在长安的政府机构,它通过国家掌握的物资在市场上贵卖贱买,以稳定物价。这就好比建立一个中央银行进行宏观调控,使国民经济得到适当的控制与调节,通货膨胀最终被控制住了。汉武帝之后的较长一段时间,物价都较为平稳。直到喜好折腾的王莽上台后,才发生了两汉的第三次恶性通货膨胀。

王莽上台,刚开始,天下太平,但王莽是一个不甘平淡的"穿越者"。他发明过类似现代游标卡尺的计量工具[1][2],还亲手解剖过人体[3]。曾有能工巧匠发明了飞行器,王莽亲自接见并给予资助[4]。他制定过类似于今天的廉租房政策,在长安城中投资建设200个"廉租房小区",供贫民居住[5]。王莽拥有一颗"正义之心"。他曾规定,从皇帝到官员全都实行"浮动工资制":如果粮食丰收,皇帝与百官就享用全额的生活费;如果出现天灾人祸,就按比例扣减生活费[6]。这在古代实在难以想象!

①　白尚恕:《王莽卡尺的构造、用法以及在数理上的分析》,《中国历史博物馆馆刊》,1981 年第 3 期,第 82 - 85 页。

②　邱隆、丘光明:《关于新莽铜卡尺的定名与游标原理》,《中国历史博物馆馆刊》,1981 年第 3 期,第 86 - 87 页。

③　见《汉书·王莽传》。

④　见《汉书·王莽传》。

⑤　见《汉书·平帝纪》。

⑥　见《汉书·王莽传》。

西汉后期的贫富差距急剧拉大，豪强大族田连阡陌，穷人无立锥之地。这自然入不了王莽的"眼"。为了打击大地主，王莽强行规定，土地一律国有，不许买卖抵押。男丁不足 8 人而土地超过 900 亩的人家，把多出的土地无条件地分给九族、邻里、乡党。无田者按一夫百亩的制度受田。有敢违抗者，流放四夷。既得利益者怎么会放弃自己的利益呢？改革被豪强大族有意扭曲，良法变成了恶法。社会中下层不仅没有得到土地，反而被禁锢在国有土地中当牛做马。

王莽以节约铸币成本为名，废止五铢钱，宣布黄金国有，并用龟、贝、银等物品做货币。他铸造新币，以小易大，以轻换重。比如其所铸"大泉"铜钱，重不过 12 铢，只相当于五铢钱的 2.4 倍，法定价值却是五铢钱的 50 倍。他意图通过这种方式将豪强大族的货币财富收归国库。但过快过猛的货币改革扰乱了正常的货币流通秩序，农民失去了土地，商人丢掉了生意，正常的生产秩序被打乱，商品的流通也停滞了。高速通货膨胀不可避免地发生了，米价上涨到 1 石 1 万钱。

既得利益者自然不会放过翻身的机会。各地豪强纷纷率众反叛，在起兵首领中，平民出身的仅占 29%，而豪强地主与商人出身的竟占到了 71%。王莽被推翻了，豪强大族在东汉时代再次控制了政治与经济的双重统治大权。

东汉时期的匈奴被彻底打垮。但一波未平一波又起，西北地区的羌人部落逐渐替代匈奴成为东汉朝廷的心腹大患。为了平定西羌，政府耗费了 240 亿钱的巨资，相当于整个西汉时代铸钱的总数。两汉的第四次大通货膨胀终于发生了。物价打破了历史纪录，一石米卖到几万钱，一匹马要卖 200 万钱。遍布全国的饿民走投无路，纷纷揭竿而起，国家陷入了一片混乱之中。持续几十年的豪强内战，致使物价涨到粮食比黄金还贵。在那个时代，涨价事小，保命事大，只要能活着，就是一种幸福。

3. 战争是古代通货膨胀的祸首

　　从经济学上讲,贵金属货币不会发生恶性通货膨胀。假如只使用黄金做货币,货币流通过程中存在的金币数量,完全取决于货币的社会需求量的大小。当社会需求量提高时,金币的数量因需求增加而通过采矿铸造或从国外进口的方式随之增加;当社会需求量降低时,相同数量的金币所能购买的商品数量减少了,用贬值的金币购买商品得不偿失,人们便会将金币储存起来,流通的金币数量随之减少。因此,金银的购买力会长期保持稳定。当然,某种商品产量的骤然变化比如粮食因某一年的歉收而导致的价格上涨,并不代表所有商品价格都上涨。通货膨胀意味着物价水平的普遍上涨。

　　但以铜为货币却截然不同。金银是古人最主要的窖藏对象。一旦政府铸造铜钱,以小充大,以轻代重,人们不仅不会窖藏铜钱,反而急于将铜钱脱手,于是货币转手的频率大大提高,换而言之,货币的流通速度大大增加。社会流通的所有货币加在一起的总量,称为货币存量。货币存量要远远小于整个社会财富的总量。好比一个国家所有财富加在一起价值 10 000 亿钱的铜钱,但实际流通的铜钱数量也许只有 1 000 亿钱。在古代,只有商人的财富才以铜钱为主,绝大部分人的财富主要以土地、稻米或丝绢等实物的形式体现出来,铜钱的持有数量只要能保证日常开支就足够了。因此,在商品种类与数量变化很小时,货币流通速度越高,物价就越高,通货膨胀就越严重。

与日新月异的现代社会不同,古代社会发展的速度慢,商品种类与数量长期保持稳定。只要没有天灾人祸,即使统治者骄奢淫逸,通货膨胀的程度也不会太严重,老百姓依靠自己勤劳的双手仍然能过上安定的生活。纵观历史,只有战争才是通货膨胀最主要的原因。这是因为,只有战争才会导致政府财政支出急剧增加,统治者采用以小充大、以轻代重的铸币方式,随之而来的便是恶性通货膨胀。

就拿传说中宽厚仁慈的刘备来说,他在真实的历史中绝非善类。天府之国四川在刘璋统治时期使用蜀五铢钱,民殷国富,物价平稳。而刘备治下的荆州物价暴涨,粟米与黄金同价,连养兵的钱都捉襟见肘。没钱只好抢,刘备纵兵大掠,随后发行直百五铢打劫老百姓。直百五铢的重量只是蜀五铢的 3 倍,却作价 100 枚蜀五铢。刘备有意降低铜钱价值,只用了几个月时间就将四川的财富洗劫一空而充作军费,导致物价飞涨。蜀统治者却毫不在意,连年兴兵伐魏,政府财政赤字连连①。

三国时代各国的物资交流频繁。当时,魏国卖马,吴国卖矿,蜀国卖锦。作为蜀国贸易对象之一的吴国,财经状况也很糟糕。为了吸收蜀国的铜钱,吴国采取货币贬值的策略。蜀国不甘人后,两国货币争相贬值,以防止本国铜钱大量流失。到蜀汉末年,

---

① 见《资治通鉴》(卷六十七)。

直百五铢的分量只有最初铸造分量的 1/20，物价上涨根本无法控制。蜀亡前一年，吴国使蜀的大臣向吴国君主报告说，主暗而不知其过，臣下容身以求免罪，入其朝不闻正言，经其野民皆菜色①。荼毒人民的政权必然垮台，蜀之灭亡再次证明了这个道理。

三国归晋后，生产停滞，人民生活困顿，货币经济发生了严重的倒退。古代货币发行渠道主要是官吏的俸禄和政府的其他开支。两汉官员俸禄主要是铜钱，西晋官员俸禄全是实物，包括粮食和布匹。当时政府铸造和发行的货币与两汉相比要少很多。老百姓大多采用物物交换的方式，铜钱的购买力相对较高。

据一些科学家研究，最近几千年里全球气候经常有持续 600 年左右的较冷期出现，即小冰期，也有持续 600 年左右的温暖期，叫做小气候最适期或小最适期。一旦进入小冰期，寒冷与干旱的气候不仅会造成农业减产，还会给游牧经济带来毁灭性的打击，从而导致了游牧民族南下，侵入农耕民族地区②。

魏晋南北朝时期就是最为典型的例子。从春秋战国时期开始，一直到秦汉时代，都是小气候最适期。当时中原地区大多数冬天温暖无雪，气候湿润。自西汉末年的公元初，气温开始下降。

---

① 见《资治通鉴》（卷七十七）。

② 许靖华：《太阳、气候、饥荒与民族大迁移》，《中国科学（D 辑）》，1998 年第 4 期，第 366－384 页。许靖华将气候变化周期概括为：现代气候最适期 A，公元 1820 年后；小冰期 B，公元 1280—1820 年；小气候最适期 C（中古），公元 600—1280 年；小冰期 D（公元初期），公元前 60—公元 600 年；小气候最适期 E（古希腊、古罗马时代），公元前 700—前 60 年；小冰期 F（荷马时代），公元前 1275—前 700 年；小气候最适期 G（商朝），公元前 1800—前 1250 年；小冰期 H（文明衰落），公元前 2200—前 1800 年；小气候最适期 I（新石器时代晚期），公元前 2900—前 2200 年；小冰期 J（雪中人时期），公元前 3400—前 2900 年。

一直到公元4—5世纪,气温下降到最低点,平均气温比现在要低1.5~3摄氏度。随着气候变得寒冷干燥,内蒙古高原的沙漠向南扩展到河套、山西、河北北部和辽宁西部,向西扩展到河西地区。逐水草而生的游牧民族随着沙漠的扩展而扩张。

中原地区也变得异常寒冷干燥,那时的长江、黄河等主要河流都干枯到可徒步而过的程度,大饥荒随之蔓延,内乱丛生,人口骤降。在外部冲击与内部动荡的双重打击下,西晋灭亡,五胡乱华。神州大地分裂为无数个小国家,他们连年争战不已,老百姓生不如死。那是中国历史上动荡与黑暗的时代之一。

直到公元589年,隋文帝统一南北朝,结束了中国南北分裂的局面与长期的战乱。这是中国历史上的一个伟大里程碑。欧美汉学家认为,隋文帝是中国古代最伟大的皇帝。这种观点虽然夸张,却不无道理。

除北魏孝文帝这样的特例外,北朝上层贵族都热衷于胡人文化,蔑视汉人文明。据现在的考古研究,北魏鲜卑人确实留着东胡人的特征,其服装带有鲜明的民族特色。当时还有"一钱汉"的说法,意思就是一个汉族男人只值一钱①。大儒颜之推在《颜氏家训》中说,北齐汉人为了做官,都竭力学习鲜卑语,以讨好鲜卑贵族。

隋文帝登基后大力复兴汉文明,让中华文明避免了类似西方的罗马帝国在蛮族入侵下所遭受的厄运。在隋文帝的统治下,物价稳定,人民安居乐业,整个国家蒸蒸日上。隋文帝所造的长安城是当时世界第一城,面积是明清故宫的1.5倍。隋朝外部最大

---

① 见《资治通鉴》(卷一百七十二)。

的威胁是突厥。隋文帝拉拢分化突厥,使其耗于内战,最终各个击破。602年,隋军大破突厥,夺回了河套地区,把边界扩展到阴山以北。强大的突厥汗国分裂成东西两部,并都臣服于隋朝。西方汉学家认为唐太宗对付突厥只是收拾残局,乘虚而入,主要功劳还是隋文帝的。

隋文帝死后,隋炀帝即位,定年号大业,大气磅礴的年号表明他试图建立一个旷古未有的伟大帝国。表面上看,大隋四海安宁,但政权并不牢固。经过数百年的战乱与分裂,中国南北方在文化、经济上并没有真正统一与融合起来。南方人认为北方人粗鄙无文,北方人则视南方人胆小懦弱。两地相视,几如异族。大运河工程与隋炀帝下江南的举措,目的在于融合南北。尤其是大运河工程加强了沿河两岸各地区间的联系,对隋唐时期南北经济与文化的融合,对维护全国统一和加强中央集权制,都起到了促进的作用。

隋炀帝建东都洛阳,从当时的战略地位和政治格局来看,正适应了中国政治中心东移和经济中心南移的需要。在隋炀帝的统治下,隋朝民户达到890万,人口总数达到4 603万人。号称"中国盛世"的唐太宗时代的耕地数量还不到隋炀帝统治时期的1/3,人口不到隋炀帝统治时期的1/2。哈佛大学费正清教授评价说,在隋文帝和隋炀帝的统治下,中国又迎来了第二个辉煌的帝国时期。大一统的政权在中国重新建立起来,长城重新得到修缮,政府开凿了大运河(这为后来几百年间的繁华提供了可能),建造了宏伟的宫殿,中华帝国终于得以重振雄风。

在对外关系上,隋炀帝继承父亲的遗愿,继续奉行扩张政策。605年,隋军大败契丹,遏制了契丹崛起的势头。608年,隋军消灭西北强国吐谷浑,开疆数千里,从西域东部到整个青海地区都实行中央直接管理的郡县制,正式将这一地区纳入了中国版图之内。隋军还在东南地区大肆征伐,使疆域扩大到安南(越南北部)、占婆(越南南部)等地。但隋炀帝没有让民众休养生息、喘一口气,而是马不停蹄地投入征服高句丽的大规模战争中。

高句丽占据今辽东半岛和朝鲜半岛北部,是东亚地区仅次于隋朝的第二大强国。从军事角度来看,高句丽兼营农耕和游牧,拥有农耕民族的筑城攻防和游牧民族的机动骑射优势,存在与隋朝相抗衡的潜力。从地缘政治角度来看,高句丽已经在东北亚建立霸权地位,形成了俯瞰中原的态势,一旦中原有乱,南下席卷中原,易如反掌。

消灭高句丽的战略原本是非常正确的,但隋炀帝好大喜功,急于求成。612年,隋炀帝出动几乎全国的青壮年从今天的北京向高句丽进发。宋代司马光在《资治通鉴》中评价说,近古出师之盛,未之有也。隋炀帝以为倾全国之力,以大击小,必令高句丽胆寒,最终将不战而胜。俗话说:"骄兵必败。"隋军被打得大败而归,30多万人死在高句丽。战争不仅损兵折将,而且天文数字的军费最终得由老百姓来承担。迫于无奈,很多民众,甚至一些豪强巨富,都开始私自铸钱。私人所铸的钱质量越来越低劣,从刚开始的1 000钱重2斤渐轻至1斤,到最后甚至裁剪铁皮、外面糊上纸就当钱用。货币经济伴随着整个社会经济正在走向绝望的深渊。

隋炀帝却不为所动,又于公元614年、617年两次亲征高句丽。但饥寒交迫的民众再也无法承受这样的压迫了,私铸铜钱不如揭竿而起,许多人纷纷占山为王,反抗暴政。与此同时,已被灭国的吐谷浑趁机恢复国土,还屡次侵扰隋朝边境。早已臣服的突厥也浑水摸鱼,谋求独立。615 年,隋炀帝北巡长城,东突厥可汗率领几十万骑兵将其围困于雁门。在各地勤王之师的帮助下,隋炀帝侥幸脱险,但是三年后隋炀帝逃不了在扬州身死国灭的悲惨结局。连年的战争毁了隋朝的货币,也毁了隋文帝开创的大好局面。

4. 从货币到纸币：世界上最早的纸币经济

唐高祖登基后，在 621 年废除了流通 700 余年的五铢钱，铸造开元通宝，并规定每 10 文重 1 两，每 1 文的重量为 1 钱，相当于现在的 4 克左右。开元通宝成为唐以后历朝的铸币标准。但开元通宝在唐代早期流通并不广泛。经过隋末大乱，中原经济遭受严重打击，甚至到唐太宗时代都没有恢复元气。

唐太宗在平定突厥后，曾打算到泰山封禅，魏徵却谏言："华夏安矣，未足以供事。远夷慕矣，无以供其求。符端虽臻，而尉罗犹密。积岁丰稔，而仓廪尚虚。此臣所以窃谓未可。臣未能远譬，且借近喻于人。有人十年长患疼痛，不能任持，疗理且愈，皮骨仅存，便欲负一石米，日行百里，必不可得。隋氏之乱，非止十年。陛下为之良医，除其疾苦，虽已乂安，未甚充实，告成天地，臣窃有疑。且陛下东封，万国咸萃，要荒之外，莫不奔驰。今自伊、洛之东，暨乎海、岱，灌莽巨泽，茫茫千里，人烟断绝，鸡犬不闻，道路萧条，进退艰阻。宁可引彼戎狄，示以虚弱？竭财以赏，未厌远人之望；加年给复，不偿百姓之劳。或遇水旱之灾，风雨之变，庸夫邪议,悔不可追。"①可以想见,当时的社会经济已经衰落到何种程度!

当时实物交易盛行,货币经济落后。官员俸禄与政府其他开支主要采用米、绢等实物形式发放。一直到唐玄宗时代,官员俸禄才开始用铜钱。当时货币的购买力极高,贞观年间的米价每石仅 30～50 文,到了唐玄宗开元年间最高才不过 100 文。然而好景不长,安史之乱将盛唐打入地狱。唐王朝分崩离析,无力平叛,只好用金钱赎买回纥等少数民族帮助平叛。西北边境的重兵皆调入内地,造成边防空虚,西边吐蕃乘虚而入,尽得陇右、河西走廊,西域随之丢失。中晚唐时期,吐蕃咄咄逼人,把唐军打得无还手之力,长安好几次沦陷于吐蕃。

连年的战争开支浩大。为了增加财政收入,758 年,唐肃宗实行通货贬值政策,铸造大钱,称乾元重宝,1 文当开元通宝 10 文。次年又铸重轮乾元重宝,重量为开元通宝的 3 倍,却作价开元通宝 50 文。结果物价普遍上涨,酒价从每斗 10 钱涨到 300 多钱,绢价从每匹 110 钱涨到 1 万钱,米价最高时每石涨至 7 万钱,饿死者相枕于道。在格雷欣法则②的作用下,价值较高的开元通宝被人们收藏起来,而市场上流通的都是价值较低的乾元重宝和重轮乾元重宝,结果通货膨胀的势头更为猛烈。

战乱使北方的社会经济遭到空前破坏,整个黄河中下游一片荒凉。大量北人南渡,中国的经济重心逐渐南移。安史之乱后,

① 见《资治通鉴》(卷一百九十四)。
② 格雷欣法则也称劣币驱逐良币法则。在政府强行规定两种货币同时流通时,如果其中一种货币的实际价值相对低于另一种货币的价值,实际价值高于法定价值的良币将被普遍收藏起来,渐渐从市场上消失,最终被驱逐出流通领域,实际价值低于法定价值的劣币将在市场上泛滥成灾。

经济最为发达的地区是扬州等东南地区和四川地区。东南与四川的商人将各种商品贩卖到北方。华北物资匮乏,南方商人难以采购到合适的货物运回本地。此外,唐代中后期,外有强敌虎视眈眈,内有藩镇割据,社会秩序极为混乱,商人要将赚取的金银与铜钱运回本地,易在途中遭到抢劫。华南、河北以及大部分河南地区的藩镇完全不听唐代中央政府的号令。东南与四川的地方政权却一直心向朝廷,他们每年都按时向长安缴纳租税,供养朝廷。在这种情况下,中国最早的汇兑信用工具出现了,即最早的纸币雏形——飞钱。

飞钱又称便换,钱无翅而飞,故曰飞钱。商人先到官方开具一张凭证,上面记载着地方和钱币的数目,之后持凭证去异地提款购货。此凭证即飞钱。双方所持纸券相合,核对无误,即能拿到现钱。最早的飞钱出现于四川。通过飞钱,四川商人与四川地方政府就不必艰难地在四川与长安之间转运铜钱,只要运输四川出产的实物到长安即可完成两个地区之间的经济贸易。

中原王朝的军事与经济一向脱节。中晚唐时的经济发展迅猛,钱荒在各地频繁发生,飞钱迅速扩展到全国。806 年,唐宪宗规定,天下各道商贾贩运货物至京师后的所得款项只能使用飞钱。进奏院办理飞钱。私人钱商也办理飞钱,他们在长安开设总店并在全国各地设立分店,建立起遍布全国的汇兑网络,向商人发放票据,将票据在分店核对无误后便可领取现钱。

飞钱本身不在市场上流通,不行使货币的职能,实质上只是一种汇兑票据,并不是真正的纸币,但由飞钱发展到纸币仅有一步之遥。唐末与五代十国时期,地方割据,战乱纷繁,飞钱遗憾地始终未得到突破性的发展。

历史学家陈寅恪说过："华夏民族之文化，历数千载之演进，造极于赵宋之世。后渐衰微，终必复振。譬诸冬季之树木，虽已凋落，而本根未死，阳春气暖，萌芽日长，及至盛夏，枝叶扶疏，亭亭如车盖，又可庇荫百十人矣。"①在很多历史学家看来，两宋是中国古代社会经济与文化发展的顶峰，宋代工商业的繁荣空前绝后，在北宋时期，农业税仅占国家财政收入的30%，工商税却高达70%，南宋则更甚②。

当然，这一观点并非毫无商榷之处，但两宋时代的经济确实繁荣。当时出现了种类繁多的工厂，如造船厂、火器厂、造纸厂、印刷厂、织布厂、官窑等。和现代一样，工厂的工人按期领取薪水。在城市，各种店铺星罗棋布。从保存至今的《清明上河图》中，我们能看到当时汴梁的繁荣举世无双，而南宋的临安与汴梁相比，则有过之而无不及。在农村，小贩、货郎走街串巷，各地集市人潮汹涌，农村商品经济极其发达。

北宋普通城市居民每天收入300文左右。北宋中产阶层的家庭财产一般在1 000贯左右。1 000文为1贯。当时的1文可以买2只螃蟹，也可以在杭州的歌舞表演场所喝1杯茶。10文钱可以供1个人在浴场里消费1次，也可以买1碗鳝鱼。1贯钱，可以在开封买1头公猪。10贯钱，可以在开封买1匹民用马或1头牛。100贯钱，可以造一艘木制战车。1 000贯钱，可以在福建买1艘商船或1位美丽的小妾。10 000贯钱，可以在开封、燕京

① 引自陈寅恪为宋史专家邓广铭教授《宋史职官志考证》一书所做序言《邓广铭宋史职官志考证序》，见邓广铭：《邓广铭全集》（第9卷史籍考辨），石家庄：河北教育出版社，2005年版，第277页。

② 此处依据为宋神宗熙宁十年的数据。参见贾大泉：《宋代赋税结构初探》，《社会科学研究》，1981年第3期，第51－58页，81页。

等大城市买一座供贵族居住的豪华住宅,也可以造 1 艘航海的大船①。

经济的繁荣带动了市民文化的形成。大批的手工业者、商人、小业主构成了宋代的市民阶层。富庶安逸的生活使宋代的城市居民善于消费,敢于消费,这极大地刺激了茶坊、酒店、娱乐业等第三产业的迅猛发展。每当夜幕降临,宋代的城市灯火通明,摊贩的叫卖声直到天明,娱乐场所中百戏竞演,市民欣然前往观看。

工商业的空前繁荣带动了货币经济的大发展。飞钱终于在北宋演化成了纸币。纸币诞生于四川地区。宋代四川流通的是铁钱。铁钱价值较低,10 文铁钱才抵得上 1 文铜钱,交易时非常不便。当时四川的一匹丝罗要卖铁钱 2 万文,重约 130 斤。宋代的 1 斤相当于现在的 0.598 千克,130 斤约合现在的 77.74 千克。

群众的智慧是无穷的。为了便于交易,四川老百姓发明了"交子"。北宋初年,成都出现了专为携带巨款的商人经营铁钱保管业务的交子铺。存款人把铁钱交给交子铺,交子铺把存款人存放铁钱的数额临时填写在纸质票据上,再交给存款人,存款人凭票提款时要付 3% 的保管费。这时的交子不能在交易中流通,还不是纸币,而是一种存款和取款凭据,相当于现在的支票。

交子使用轻便,迅速受到青睐。商人之间的交易,干脆直接用交子代替铁钱。宋人在经营交子铺中发现,只要不是所有客户同时取款,交子发行数量超过实际寄存的铁钱数量不会伤害交子

① 程民生:《宋人生活水平及币值考察》,《史学月刊》,2008 年第 3 期,第 100 – 111 页。

的信用。于是,实际流通的交子数量开始超过能兑换的铁钱数量。这样,交子演变成了代表铁钱价值的符号,开始真正成为信用货币,即可兑换成铁钱的纸币。

作为纸币的交子本身并没有什么价值,如果没有铁钱做准备金,其本身就变得一文不值。交子流通功能的实现在于人们相信它能兑换为有实际价值的铁钱。但在经营中,很多钱商惟利是图,贪得无厌,滥发交子,恶意欺诈,甚至挪用客户存款经营自己的生意。天有不测风云,做生意总有风险,一旦生意失败,交子便无法兑换成铁钱,从而激发了社会矛盾,制造了社会不稳定因素。这引起了宋代政府的重视。

为了保证交子的币值,政府精心遴选了信用与财力俱佳的16户富商,作为发行交子的特许经营商。为保证交子的自由交换和随时兑现,政府严格监督交子的印制、发行和经营。当时还出现了纸币防伪技术:同用一色纸印造,印文用屋木人物,铺户押字,各自隐密题号,朱墨间错,以为私记①。上有政策,下有对策,那些富商仍然挪用存款来经营商业店铺、田产等其他生意。时间一长,由于经营不善,他们发行的交子经常不能兑现,交子信用一落千丈。

与其让私人经营,不如政府直接发行。1023 年,宋仁宗禁止交子铺发行交子,已流通的交子全部回收,同时设立官营交子机构——益州交子务。交子发行权从此转移到政府手中。为了保持币值的稳定,政府规定了兑界,交子每用两周年,就统一以旧换新,全部更新。每界发行 1 256 340 贯,准备金是 36 万贯铁钱,准

---

① 见《宋史·食货志》。

备金相当于发行量的28%。到宋徽宗时,改交子为钱引,改交子务为钱引务。钱引和交子类似,只是流通区域比交子更广一些。

宋代政府对纸币的信用特征和易于仿造、滥发的弱点有充分而清醒的认识,有50多年的时间都很严格地按照规定控制发行量,绝不滥印、滥发。直到宋神宗时,为发动对西夏的战争,将每界交子的流通时间延长到4年,两界并用相当于交子多发行一倍,即2 512 680贯。这引起交子的轻微贬值,交子币值下降不到10%。总的来说,交子的币值稳定大约维持了70年的时间。

和私商一样,政府也不能保证纸币的购买力。一旦政府需要筹措巨额款项,将不得不滥用政府信用,过量发行纸币,最终必然造成通货膨胀。宋哲宗时代,为了给陕西边防军购买粮食和募兵,政府将每界交子发行量增至1 406 340贯,由于两界并行,相当于每界发行2 812 680贯。后来又将每界发行量增至1 886 340贯,仍因两界并行,相当于每界发行3 772 680贯,这约是宋神宗以前发行量的3倍。交子随之贬值。到宋徽宗时代,钱引(交子)滥发的情况更为严重,总共发行了53 112 680贯,约为宋神宗以前发行量的42倍。交子从流通工具变成了朝廷敛财的工具,通货膨胀和纸币信用的丧失随之而来。到北宋末年,面额1 000文的钱引只能换十几文。北宋这座看似豪华的大厦已摇摇欲坠,女真族的南下只是提前结束这个腐朽政权的生命而已。

5.通货膨胀由铜钱时代的百倍到纸币时代的亿倍：金朝不稳定的纸币经济

　　1127 年,北宋灭亡。金朝建国之初,杀戮生灵,劫掠财物,驱虏妇女,焚毁房屋产业,四处屠城。史籍记载,当时中原地区尸积如山,有些地方的尸臭味能传到几百里外①。女真入主中原以后,千方百计将中原人贬为奴隶。一般女真家庭拥有奴隶几人到几百人不等,而大奴隶主则有几千甚至上万奴隶。1126 年,金国枢密院下令:在河北路和河东路,今随处既归本朝,宜同风俗,削去头发,短巾左衽。敢有违犯,即是犹怀旧国,当正典刑。1129年,金朝下令剃发易服,凡不改为女真发型与服饰者,当街处斩,以儆效尤。

　　中原在金朝的残暴统治下,货币经济急剧倒退,流通的都是北宋或辽国的旧铜钱。直到女真人逐渐汉化,海陵王完颜亮迁都后,中原人才有了盼头。迁都的第二年,金朝仿效北宋发行自己的第一套纸币——交钞。交钞面额以铜钱为单位,最高面额为10 贯,以 7 年为一界,期满兑现或换新钞,也可在政府指定的地点缴纳一定的手续费后兑换铜钱。

---

　　① 见李心传:《建炎以来系年要录》。

1161年，海陵王对南宋发动大规模战争。当时的金朝已经汉化成中原王朝，再也不能像以前那样以战养战了。女真人当年劫掠的无数财富在海陵王的南征过程中消耗殆尽，铜钱也不例外。当时金政府因缺乏铜钱筹办军衣，只好从国库中拿出1万匹绢在开封以物物交换的形式换得衣、袄、穿膝1万件作为军队补给。

"出师未捷身先死"，海陵王死于部将之手。史称"小尧舜"的金世宗趁机篡位，自立为帝。金世宗继承的大金帝国，百业待兴，却缺少铜钱。中国铜矿资源主要分布在西藏、辽吉黑东部、西南地区和华东地区，其中西南和华东占中国铜矿资源储量的60%以上。以当时的技术，金朝开矿铸造铜钱的收益竟然连成本都收不回。金世宗即位时，需要1 000万贯铜钱，而国库却只有200万贯。可见当时在整个金国蔓延的钱荒严重到什么程度。

金朝解决钱荒的策略有两条：第一，吸收南宋的铜钱；第二，用纸币代替铜钱。为此，金朝在货币制度上采取了这样的办法：以北京为中心的黄河以北地区使用铜钱，以开封为中心的金朝经济最发达的黄河以南地区使用纸币。从1154年到1186年的32年间，格雷欣法则起了作用。铜钱在河南（指黄河以南地区）被纸币排挤，退出流通领域，大量流向政府国库。

在金世宗时代，纸币流通期限一旦超过7年都被有规律地赎回，政府也严格坚持着固定的纸币发行额度，币值相当稳定。但是，金世宗的货币制度为金朝后期的大通货膨胀埋下了隐患。金世宗时的本位货币仍是铜钱，交钞只是大额铜钱的代用券。交钞由国家保证能随时兑换为铜钱，并且本身方便携带，交钞在河南地区的大额交易中代替铜钱获得了主币的角色。但是，能兑换铜钱才是交钞流通的根本，其支撑条件就是政府手中有足够多的铜钱。一旦政府丧失纸币的承兑能力，纸币经济将不可避免地出现危机。

这样的政府犹如在"走钢丝"。要保持纸币稳定，必须要源源不断地把南宋铜钱吸收到河南地区，随后再转移到河北的中枢地区。在河南地区铜钱输入稳定的情况下，金朝纸币经济才能维持，政府财政支出才能保持稳定。一旦情况有变，政府只有两条路可以走：要么滥发纸币，最终市场上流通货币量超过市场需求的货币量，政府没有足够的铜钱回收超出货币需求量的交钞；要么政府财政长期处于赤字状态，政府手中的铜钱大量流失，无力兑换交钞。这两种情况互为因果，一旦出现就会形成恶性循环，不可遏止，最终纸币经济与政府财政将不可避免地同时崩溃。

1190 年，新登基的金章宗全面废除了纸币的流通期限限制，增加了纸币的发行量。接着，他又向全国推行纸币。纸币由河南地区的地方货币变成了全国性货币。金章宗初期，北方连年遭受各种自然灾害，流民日增，土地荒芜，税收减少。北方蒙古族不时侵扰边境，铁木真的崛起隐隐可现。南宋不断出兵攻扰金朝边境。金朝虽依仗强大的军事力量在南北两个方向上均获得胜利，但损失也非常惨重，军费开支用掉银 70 万两，绢 5 万匹，铜钱 100 万贯。尤其是战端一开，河南难以吸收到南宋铜钱，纸币经济的稳定性基础动摇了。同时由于连年的灾害与战争，金朝财政入不敷出，只好大量发行纸币。纸币贬值随之而来，货币流通的稳定性遭到破坏，军队的官兵俸给与军需成了难题。金政府随即发行 20 贯和 100 贯面值的纸币，很快，200 贯和 1 000 贯的纸币也开始流通。由于纸币币值急剧下降，民间开始用白银做货币，拒收纸币。

为了抑制纸币贬值的速度,金朝于1192年颁布法令规定流通中的纸币不能超越可兑换的铜钱量,但随着财政负担的日益加重,最终不了了之。1193年,一些先前用铜钱来缴纳的税种改为用纸币来支付,扩大了纸币的流通量。由于格雷欣法则的作用,市场上流通的铜钱越来越少,政府为了让民间藏钱进入市场,一边限制民间蓄钱,一边提高税收吸收民间铜钱。为此,1194年,朝廷规定汉人最高只能蓄钱2万贯,女真人最高1万贯,但当时的人都不遵守限钱法,收效甚微。1197年,铸造银币,规定28克银等同于2贯铜钱。大量发行以银币为本位货币的小钞,希望借此取代铜钱的地位。在全国规定官俸、兵饷、军需的支付一半用银币,一半用纸币。在东北地区,所有超过1贯铜钱的交易都必须用银币或纸币来支付。但与铜钱相比,银币与纸币的价值都被高估了,格雷欣法则再次生效,铜钱均被收藏,而银币被大量盗铸,银币与纸币的信用大跌。

所有措施都是为了维持纸币经济,提高社会对纸币的需求量。不过这远远无法抵消滥发纸币造成的后果。不管怎样,增发纸币是金朝皇帝们迫不得已的举措,他们并非不知道币值稳定的重要性。1206年,政府努力回收了最大面额的纸币;1207年,政府下令某些税种的1/3可以用大面额纸币来支付,之后这个比例被放宽到了2/3。全国范围内超过1贯铜钱的商业交易被勒令用纸币支付,小额纸币也被允许在全国范围内流通,纸币全面替代铜钱成为主要货币。

实际上,金章宗时代的纸币正在变成不可兑换纸币。而金章宗对稳定纸币经济做出的种种尝试,始终无法突破一个最大的障碍,那就是国家没有足够的财力来维持一个铜钱本位制的纸币系统。

1211年,40万金国主力部队与9万成吉思汗率领的蒙古军在河北野狐岭决战。金军人心涣散,一战即溃,纷纷逃走。蒙古军穷追不舍,追击到河北万全县的会河堡,杀得金军伏尸百里,战死30余万人。

金朝当兵打仗主要依靠猛安谋克,猛安谋克是女真族的军事和社会组织单位。在1191年之前,金朝规定,严禁猛安谋克户与汉人通婚。这40万金军集结了当时猛安谋克几乎所有的精兵强将。野狐岭一败,金军精锐皆没于此。女真人南迁中原,侵占土地,与中原人产生了巨大的矛盾。数十万辽国遗民在金国受到严重的歧视与民族压迫,他们趁金国丧乱之际蠢蠢欲动。外有蒙古,内有叛乱,金朝的统治开始走向衰败。

一边是军事上的失利,一边是纸币经济的摇摇欲坠。纸币泛滥,一发不可收拾。1210年,整整84车的纸币被运往陕西前线慰劳士兵。到1214年金宣宗迁都开封时,先前发行的纸币丧失了原有的价值,币值跌到面值的千分之一以下。

1215年,蒙古军攻占北京,黄河以北地区与陕西陷入战乱。同年,金朝废除旧纸币,发行新纸币——贞祐宝券,同时禁止铜钱流通。由于战事的不利与生产的破坏,财政亏空日益暴涨,纸币难以控制而过量发行,新纸币迅速贬值,第二年面额1贯的纸币暴跌到1文铜钱都不值,连工本费都收不回来。1217年,这些纸币以1 000:1的兑换率被更换成另一种新的纸币——贞祐宝钞。

1218年,南宋军队配合蒙古军发动了对金朝的战略进攻。金朝陷入蒙古军、宋军与北方汉族起义军的多重打击中。金朝为调拨军需,不得不饮鸩止渴,大力增发纸币。既要加大纸币发行量,又要控制物价,金朝处于两难境地之中。他们希望通过提高税率,来大量回收纸币,缩小纸币流通量,提高民众对纸币的需求量,从而保证纸币的价值。但是,在当时那种政治衰败、军事不利的情况下人为回收纸币的方法是无效的。纸币的信用是国家背书的,但由于连年战争的失败,国家信用正在趋于崩溃,即使纸币流通量降低,纸币信用也毫无保证,其币值仍会下降。

到了1222年,1贯贞祐宝钞的价值相当于1文铜钱,金朝不得不再次发行新纸币——兴定宝泉,以1:400的兑换率更换了贞祐宝钞。但第二年,兴定宝泉的价值就跌至面值的千分之六左右。同年,金朝最后一次更换纸币,以1:50的兑换率更换兴定宝泉。如果用白银来计算,从金章宗初年到1223年,金朝物价以纸币来计算涨了30亿倍!在铜钱为主币的时代,这是不可能发生的。只有在纸币经济中,才有以亿计的通货膨胀率!

在金朝苟延残喘的最后几年,政府财政窘迫到连印刷纸币的材料和费用都不足的程度了,纸币经济与政府财政完全崩溃。1232年,拖雷率蒙古军在河南三峰山与金朝最后的主力部队决战,金军35万人战死。金朝再也无力组织力量抵抗蒙古军。1234年,蒙宋联军攻破蔡州城,金朝宣告灭亡。在蒙金战争中,整个中原死亡3 000万人,减损85%,女真人也遭遇灾难,仅在河南遗存数千户。真可谓其兴也勃焉,其亡也忽焉!

6. 面对纸币，南宋皇帝难以安眠

现代人看古代史，总觉得古人的种种决策与行为非常愚笨。如果我们能够设身处地站在古人的角度，想其所想，行其所行，就会恍然大悟，原来古人所面对的问题，若让现代人来解决，并不一定能解决得好。南宋政府的纸币膨胀政策便是这样看似荒谬却是当时唯一可行的选择。

宋室南渡之后，南宋与金国在各个方面都展开了斗争。从军事上看，西至川陕、东到江淮的广大地区，宋金两国展开了打打谈谈停停的长期军事拉锯战。从经济看，由于古人都将铜钱视为财富本身，金朝采用各种策略从南宋吸引了大量铜钱，受到中国文化影响的日本、朝鲜和东南亚等地也大量吸收南宋铜钱。13 世纪上半叶，日本镰仓幕府政权曾派遣船只以超低价倾销日本产品，一次就带走 10 万贯南宋铜钱，相当于南宋全国一年的铸币量。在这种情况下，纸币的推行无疑成了维持南宋朝廷的强心针。

南宋纸币经济条块分割，极为复杂。虽然南宋偏安于中国南方，但它狭小的国土却被分成不同的纸币流通区域。在四川地区，继承于北宋的钱引仍然通行。为了阻止铜钱流到金国，在河南南部、湖北北部、陕西东南，推行不兑换纸币——湖北会子，在江淮地区，采用以铁钱为本位货币的地方性纸币——淮南交子，并严禁湖北会子与淮南交子用于长江以南。这种条块分割的纸币经济目的无非有两点：其一，保证边防军的军需；其二，维持南宋统治核心地区的经济稳定。

南宋统治核心地区是经济最发达的以杭州为核心的东南地区，政府财政收入多取之于东南。东南地区的货币需求量很大，铜钱量却极为不足，钱荒非常严重。1149年，富有扩张野心的海陵王称帝，他营建开封，征调并整训各路兵马，准备吞并南宋而统一中国。风声鹤唳的宋高宗政权厉兵秣马以应对金国的战争。

打仗就必须要有财政支持。为了解决财政问题，南宋政权于1161年在杭州设立行在会子务发行两宋流通量最大的纸币——江南会子。行在的意思是天子巡行之处。南宋政权为显示收复故土的决心，在杭州设立临安府，称之为行在，京师永远是汴梁开封。与长安的长治久安之意正好相反，临安为临时安顿之意。金亡之后，南宋甚至派遣军队进入中原，意图恢复故都。直到元朝，杭州仍被人们称为行在。

会子以铜钱10万贯为发行准备金，不设定发行限额，也没有到期以旧换新的设界制度。会子上印有兑换铜钱的地点，每次兑现收取2%的手续费。金国吞并南宋的企图虽被阻遏，但南宋为了解决军费，在会子发行之初便滥印滥发，自1661年到1666年，共发行2 800多万贯会子，导致纸币严重贬值。

宋孝宗即位后，多次表示，时机成熟时一定要废除纸币的流通。他极为担心纸币大幅贬值带来经济崩溃与政权不稳定的后果。南宋洪迈在《容斋随笔》中记载过宋孝宗的话："此事惟卿知之，朕以会子之故，几乎十年睡不著。"①

宋孝宗以皇帝私产银钱 200 万两，回收近 500 万贯纸币，然后当众焚烧，以恢复会子的信用。为了限制会子发行量，宋孝宗又于 1168 年宣布纸币定界发行，每 3 年一界，每界 1 000 万贯，每界交子使用 6 年，这相当于北宋交子发行额的 6 倍以上。同时，规定会子可用于除四川外的南宋全境。就在这一年，宋孝宗还做出了一个世界金融发展史上里程碑式的壮举——会子不再与铜钱兑换，成为与现代人使用的纸币几乎没有差别的不可兑换纸币。北宋发行的纸币是一种可兑换纸币，它以铜钱和铁钱为本位货币。而南宋的不可兑换纸币是国家强制流通的，不受金、银、铜或铁准备金的限制，成为纯粹的货币符号。

但纸币由可兑换纸币变成不可兑换纸币，为南宋中后期的通货膨胀埋下伏笔。锐意进取的宋孝宗处在那样一个战争频繁、铜钱匮乏的时代，无法从根本上解决南宋政权所面临的财政与军费问题，唯有依靠纸币发行来弥补财政亏空。这是因为不可兑换纸币失去了价值之锚，政府发行纸币变成了一种向老百姓转嫁财政危机的变相税收。

宋孝宗皇帝与当时的大臣们十分清楚，要想让老百姓接受不可兑换纸币，必须要维持会子的价值。会子本身是没有价值的废纸，政府必须通过征税来收取会子。或者说，不可兑换纸币的流通是建立在政府税收愿意接受的基础之上。南宋政府自然非常希望财政收入中的铜钱能多于会子，财政支出中的铜钱少于会子。但是，一旦财政收入中的会子比例降低而支出中的会子比例

---

① 见《容斋随笔·官会折阅》。

提高,会子的信用大幅下降,通货膨胀将随之而来。

在这种情况下,南宋政府采用了钱会中半制。所谓钱会中半,是指国家对铜钱和会子不偏不倚,一视同仁,政府财政收入与支出实行铜钱与会子数量对等的制度与原则。换而言之,政府将铜钱和会子视为地位平等的法偿货币,这样才能提高老百姓对会子的接受度。从此,南宋的本位货币从铜钱逐渐转变为纸币会子。

会子发行早期,南宋政府采用了各种维持会子货币信用的措施。1174—1189年,市面上流通的纸币有2 400多万贯,会子贬值,物价疯涨,朝廷动用金银回收过多的会子,才恢复了纸币的价值。会子币值在宋孝宗时代大体保持了几十年的稳定,物价上涨的幅度不大。在宋孝宗后期,浙江、湖南地区甚至出现了军民不要铜钱却要会子的现象。

到了12世纪90年代,由于蒙古部落的崛起,宋金之间战端又开。宋宁宗乘蒙古攻金之机决意收复北宋旧土。1206年,韩侂胄贸然举兵伐金,但被金国打得大败而归。1208年,宋金签订和约停战。金国被蒙古打得节节败退,竟然采用北退南进的政策。金政府认为,金军虽然不敌蒙古军,但对付南宋军尚绰绰有余,因此北方虽然丧土割地于蒙古,但可以通过占领南宋获得补偿。1217年开始,金国向南宋川陕、湖北、江淮地区发起进攻,被宋击败。一直到1224年,金国才停止对南宋的战争,全力阻止蒙古南下。

战争的进行产生了大量军费需求,南宋政权疯狂发行纸币,流通的纸币竟有1.4亿贯,不过会子购买力只有轻微的下降,东南地区只下降了10%,其他地区下降了15%左右。究其原因,主要是这段时期内会子流通范围的扩大与南宋货币政策的改弦更张。会子从东南地区覆盖到整个南宋国土,纸币在南宋第一次全面替代了铜钱的主币地位,纸币流通量的扩大部分抵消了纸币贬值的压力。南宋政权也不再以金、银、铜钱回收过剩纸币来恢复会子价值,而是直接承认会子贬值。通过印造新会子以1:2的兑换率兑换旧会子,再以新会子向富户强行征购粮食以充军饷。实质上这仍是变相地增发纸币,无非是让货币贬值转嫁到老百姓头上,以暂时保持纸币经济的稳定。

政府用增发纸币来满足一部分固定支出。尽管纸币在境内的扩散速度也许暂时跟得上纸币的增发速度,然而纸币最终会流通到整个帝国而纸币的增发却不会停止。终会达到这么一个临界点,届时额外增发的纸币就会造成货币价值的降低。这个危险的临界点出现在金国灭亡之后。1234年,宋蒙联军攻破蔡州,金国灭亡。按照事先的约定,宋军和蒙古军在灭金后各自撤退,当时河南便成了无人占领的空白区。南宋政权认为,金国灭亡后,中原空虚,可以趁机恢复旧土。结果因粮草短缺,十几万宋军精锐被蒙古军歼灭,南宋开始直接面对蒙古铁骑的压力。

随着战争的失败,会子价值一落千丈。1247年,南宋政权取消了会子流通期限的限制,发行永久性的不可兑换纸币,通货膨胀一发不可收拾。南宋初年1石米仅售钱3贯,此时1石米已经卖到了1 000贯,货币贬值超过300倍。南宋的纸币经济和政府财政濒临崩溃的边缘。

1259年,贾似道上台,他是南宋杰出军事家孟珙的弟子。孟珙曾与蒙古联军攻灭金国,后又多次战胜蒙古侵略军,是南宋几十年屹立不倒的擎天一柱。俄罗斯历史学家沃尔科戈诺夫将孟珙与二战德军元帅曼施泰因相提并论，称其为 13 世纪伟大的"机动防御大师"。孟珙认为贾似道之才可大用，极力向南宋政府举荐贾似道作为自己的接班人。贾似道在 1238 年就针对南宋政治腐败、国家财政被贪官污吏大量吞噬的现状，提出通过惩治赃吏以改善财政状况的建议。由此可见，贾似道并非天生是个贪赃枉法、苟且偷生之辈，具有一定的才能。

贾似道解决纸币贬值与财政亏空的办法与王莽十分相似——打击豪强地主的土地兼并。贾似道推行公田法，按各级官员级别规定其所能占有的田地限额，超限部分必须拨出 1/3 由朝廷买回出租，租金充作军队粮饷。比如某官的田地限额为 200 亩，而他实际田产为 1 400 亩，那他必须拿出 1 200 亩的 1/3 即 400 亩卖给政府。贾似道预计政府可买回公田 1 000 万亩，每年有价值 600 万石至 700 万石米的租金充作军饷，从而达到弥补财政亏空、杜绝纸币滥发、平抑物价的目的。

贾似道以身作则，交出 1 万亩充为公田，然后向当时最大的权贵巨富——宋理宗皇弟赵与芮开刀，命他献出 1 000 亩良田，以示改革的决心。公田法在东南部分地区进行了一年的试验。试点非常成功，朝廷买回约 1 000 万亩的公田，当年收到 600 多万石米，可以补充军队一年的粮饷。

改革的愿望是好的，但是改革的过程曲折艰险。从王莽、王安石到张居正，历史上的改革者很少能得善终，贾似道的改革亦然。豪强地主与官僚阶层原本就是你中有我、我中有你的既得利益阶层。对于这种侵犯自身利益的改革，他们奉行的是"上有政策，下有对策"。贾似道规定，无论田地的肥沃程度，政府都以每亩 40 贯的价格征收。官僚地主们有许多钻空子的方法，他们有的用未开垦的荒地来套取征地费,有的以次充好,有的谎报征收亩数,甚至有些地方政府的官僚强迫农民卖田,不愿卖田者将被处以极刑。结果大量农民家破产败,社会秩序荡然无存。

政府财政紧张依旧,无奈的贾似道只有选择滥发纸币这一条路。物价随之愈加暴涨,纸币变得一文不值。贾似道既得罪了权贵阶层,又得罪了社会中下层,结果两头不讨好,通货膨胀不仅没有解决好,反而更加严重。贾似道纵使有三头六臂也阻挡不了改革的失败了。当时,200 贯会子还买不到一双草鞋,物价从会子发行之初算起涨了万倍以上,纸币经济已土崩瓦解。贾似道对于通货膨胀和财政赤字已无能为力。1274 年,蒙古军向南宋发动全线进攻。1275 年,贾似道统兵在安徽芜湖迎战蒙古军。但宋军的范文焕、范文虎等主要将帅均是大地主出身,因公田法早就对贾似道恨之入骨了,他们趁机投降蒙古。倒是贾似道提拔的李庭芝等人以身殉国,但宋军此战精锐尽失。不久,南宋王朝便灭亡了。

7. 纸币成为蒙古贵族搜刮财富的工具

蒙古在灭金之前已征服了中亚与西亚的一些国家,在灭宋之前已征服俄罗斯等。南宋人在《蒙鞑备录》中说,所谓生鞑靼者,甚贫且拙,且无能为,但知乘马随众而已……和金国、南宋高度发达的文明相比,蒙古部落的文明程度较低。蒙古灭金国与南宋,是典型的落后文明对先进文明的征服。但是,胜利者并不具有管理先进文明的能力。于是,蒙古人吸收相对文明的色目人,充作管理中原的帮手。色目人包括中亚、西亚乃至欧洲各族人,常见的有波斯人、党项人、畏兀儿人和吐蕃人。色目人在元朝大量进入中原,他们的政治、经济地位在元朝仅次于蒙古人。

蒙古部落以征服者自居,将中原看成殖民地,依靠色目人大肆掠夺中原财富,以至于当时有"穷极江南,富称塞北"的说法。色目人则成了蒙古人搜刮民脂民膏的帮凶。元朝是中国历史上唯一实行过包税制的朝代。包税制是一种源于古希腊的古老财政制度,主要是指国家将政府的征税权包给包税商,包税商只需事前付给国家额定的租金就可以拥有该定额之外的所有税收,多收的钱落入包税商的口袋,成为他们的利润。蒙古在所征服的各个地区均实行包税制,如金帐汗国统治俄罗斯期间也常以包税制的形式征税。

在蒙古军南征北讨期间，色目商人为蒙古的大汗们提供巨额贷款来支持军费。蒙古人为了犒赏色目商人的忠诚与帮助，授予他们包税的特权。充当税官的色目商人把征税权发挥到极致，尽一切可能向老百姓收税。他们在中原地区横征暴敛，苛捐杂税层出不穷。

中国自古以来很少用金银做货币。而在中亚与西亚地区，从巴比伦、腓尼基和以色列等古国到东罗马、波斯时代，金银一直充当主币的角色。尤其是白银，一直充当主币的角色。阿拉伯人8世纪创建的阿拔斯王朝，其领土西边是东罗马旧土，主要采用金本位制，其领土东边是波斯旧土，主要采用银本位制。

蒙古皇室贵族对宝石、珍珠、骆驼、马匹、地毯、名贵皮毛、药材以及香料等中亚与西亚产的奢侈品需求量极大。为了满足自己的穷奢极欲，他们极为依赖色目商人联系起元帝国与伊斯兰地区之间的贸易，购买中亚与西亚的产品，只能向色目商人支付白银。结果，几千年来中国用铜做主币的历史被打破了，元朝破天荒地在中原地区以白银作为征税与流通的主币。

在色目包税商的操作下，白银源源不断地流向蒙古政府和色目商人的口袋，其中一部分流向中亚与西亚地区用于交换奢侈品。中亚和西亚地区早在13世纪初已因白银不足而停止铸造银币，此后正是由于蒙古统治者从中原收来的白银流入而在13世纪中期开始重新铸造银币。当地原产银币因含铅较多发黑，而原料来自中国的这种银币则发白。

色目商人还充当蒙古贵族经营高利贷的中间人，被称为"斡脱"。"斡脱"是蒙古语"合伙"的音译。元朝，蒙古大汗以及诸王、公主、后妃等蒙古贵族提供本金，委托色目商人发放高利贷，从中坐收高额利息，榨取人民膏血。斡脱商人实质上是具有特殊政治身份的蒙古贵族御用的官商。

据记载，当时斡脱高利贷的年利息是 100%，利滚利后，1 锭银 10 年之后竟能收回本息合计 1024 锭。当时的中原人民向斡脱商人借白银来缴纳税租。很多人为偿还年年剧增的债务，不得不出售田地，卖妻鬻子，即便如此，还是有人无法偿清债务。斡脱商人仗着蒙古贵族的袒护，极为蛮横猖狂，大量农民被逼得破产流亡。这严重动摇了元政府统治的根基。

在这种民失其业、白银萎缩的情况下，纸币成为元朝政府最佳的选择。1260 年，忽必烈即皇帝位，依照中国传统建年号中统。同年 7 月，蒙古皇帝发行纸币——中统元宝交钞，简称中统钞。中统钞没有赎回时间，可以无限期流通。中统钞以铜钱为单位，面额分为文和贯，却以黄金、白银为发行储备金，每 2 贯纸币等同 1 两白银。因此，中统钞本质上是以白银的重量为货币单位。这改变了中国以铜钱为本位货币的历史，后来的明清时代均以白银做主币。

1262 年，元政府下令禁止金银充作货币，中统钞变成了不可兑换纸币。人们可以用纸币从政府兑换出金银，但只能作为工艺用途而不能用作货币。在纸币发行初期，元政权严格控制发行量。1260 年政府发行纸币 7 万多锭，1261 年发行纸币 3 万多锭，1269 年发行纸币 2 万多锭，纸币在这段时期的总发行量为 70 万锭。1275 年，元朝灭宋后，禁止江南行用铜钱，中统钞开始在江南流通。

尽管纸币发行量逐年增长，但就像南宋纸币发行的早期一样，当新币逐渐扩散到蒙古全境时，对新币的需求量能够跟得上稳定增发的纸币的数量。当时中统钞发行总额一直在 160 万锭左右。同时忽必烈政府拥有大量搜刮来的金银储备，尽管这些储备并未全部作为准备金来稳定纸币，但政府拥有大量储备的本身就起到了一种良好的稳定人心的作用。在 20 多年的时间中，中统钞币值稳定，具有良好的信誉，民间甚至出现了视钞重于金银的现象。

孟森在《明清史讲义》中说，自有史以来，以元朝为最无制度，马上得之，马上治之……于长治久安之法度，了无措意之处。蒙古贵族对中原采取间接统治，重搜刮而轻治理，始终没有一套系统有效的财政税收制度。元统治者热衷于对内敛财，没有给民众休养生息的时间，中原地区元气大丧。元虽然模仿中原王朝建立国家，但其落后的奴隶制仍继续存在着。

大量民众隶属于蒙古贵族，无需向中央政府缴纳税务。即便是中央政府所收的赋税，其中大约一半都赏赐给大大小小的蒙古贵族。与此同时，元政权在一统中原之后对其他蒙古汗国连年征战，军费需求居高不下，财政支出无度，只好滥发纸钞填补漏洞。这样就在忽必烈时代的后期造成了通货膨胀，中统钞开始贬值，民间开始流通金银。为了维护中统钞的主货币地位，1283 年，元政府规定，私人之间不论出于任何目的，金银交易一律禁止。但纸币贬值严重了，朝廷禁令无人遵守，到 1285 年，金银禁令被取消。

1286 年，中统钞的流通量是 1260 年最初发行时的 147 倍，物价上涨十几到几十倍，中统钞在民间几乎被视为废纸了。1287年，忽必烈发行新纸币——至元宝钞，1 贯相当于中统钞 5 贯，等于承认了中统钞的贬值。2 贯新纸币法定价值 1 两白银,20 贯新纸币法定价值 1 两黄金。为了促进新纸币的流通,私人金银交易再次被禁止。而中统钞却未被废除,这一年的纸币流通量增加了40%。实际上政府还是想让新钞取代中统钞的。1288 年,政府毁掉中统钞的印刷设备,不再印制中统钞。

新纸币的发行并未缓解财政压力,政府支出连年剧增。蒙古贵族原本生在苦寒贫穷之地,中原的花花世界对于他们来说无非是抢掠的战利品,他们不因财政困难而勤俭度日,而仍然保持着奢侈无度的生活。蒙古人以骑射为长,但当时射手拉弓的扳指却由实用性极强的皮革改为毫无实用性的金玉,由此可见蒙古军队的腐化程度。生于忧患而死于安乐,过度享乐导致名震世界的蒙古骑兵战斗力锐减,这为明代的兴起埋下了伏笔。

元政府因各种赏赐而对财政造成了巨大的压力。有时候,为了填补这个无底洞,元政府竟然大肆动用纸币发行的白银准备金。1300 年,元政府将存放在全国各地的白银准备金悉数调运北京以赏赐贵族们。这一年全国财政支出需纸币 500 万锭,但赏赐的白银竟达到 100 万锭,价值 1 060 万锭的纸币。

大量动用白银准备金最终只能让纸币信用一落千丈。纸币信用的降低致使纸币币值下降,从而导致政府财政亏空更加严重。为了弥补财政赤字,又只能超量发行纸币,引起物价大幅上涨,纸币更为贬值,从而形成了一个纸币贬值与财政亏空的恶性循环。到 1329 年,纸币流通量是 1286 年的 8 ~ 9 倍,是 1260 年的 1 400 ~ 1 600 倍。纸币贬值已经到了极其危险的程度,元政府掠夺式经济陷入难以为继的困境。

元顺帝即位后,又一种新纸币——至正钞被发行,其面值不是以银来衡量,而是以铜来衡量。元政府试图回归中国传统的铜钱本位制来维持自己在中原的统治地位,但这些举措为时已晚。以红巾军为代表的农民起义在全国爆发,神州大地,烽火四起,英雄逐鹿。元政府为了镇压起义,唯有印制大量纸币才能应付军费开支的剧增。但是,随着局势的日益混乱,蒙古贵族逐渐失去了对社会的控制,禁止使用金银的法令变得越来越难以执行,对货币的需求越来越多地由金银来满足,结果纸币贬值的速度超过了纸币印制的速度。

人们都把纸币看成劣质货币。在元政府的政治中心大都(北京),纸币很难买到粮食,其他地方要么采用以物易物的方法,要么重新采用金银做货币。到1356年,所有纸币都变成了废纸,丧失了流通性。蒙古部落在中原地区的统治在1368年终结。纵观元朝,盛极一时,外无强敌,内无包袱,幅员辽阔,兵马强壮,却因为采用掠夺式的殖民统治而亡于内忧。纸币既是蒙古贵族掠夺财富的工具,也为元统治的崩溃起到了推波助澜的作用。

8. 中国古代纸币经济的黯然谢幕

　　滥发纸币导致整个货币经济体系的崩溃是元朝灭亡的重要原因之一,但明代的货币政策依然未吸取元朝的教训。当时中原地区的金银贵金属在元代大多经色目人之手流入中亚地区,这是明初发行纸币的重要原因之一。明太祖朱元璋于 1375 年发行新纸币,也是终明一朝唯一的纸币——大明通行宝钞,简称大明宝钞。新纸币是典型的国家垄断的不可兑换纸币,它没有发行准备金,也不能兑换成金银或铜钱。新纸币最小面额 100 文,低于 100 文的用铜钱。1388 年,明太祖又增造面额 10 文至 50 文的小面值纸币替代铜钱。

　　为了推行纸币,金银被禁止作为货币使用。民间的金银可向政府兑换纸币,1 两银换 1 贯大明宝钞,1 两黄金换 4 贯大明宝钞,但反之则不可。金银单向地从民间流入政府国库,政府变相地搜刮了民间的金银。这样国家拥有的金银越来越多,而民间金银等贵金属日趋匮乏。明代纸币未设换界制度。换界是政府回收纸币的有效方法,纸币发行有一定的数量限制,纸币流通有一定的时间限制,可以有效地防止纸币增发过多导致币值波动。一旦取消换界制度,就意味着纸币变成了政府的财政工具,可以印制任何数量的纸币投放出去。

明初,明太祖连年派大军东征西讨。由于元朝百年的搜刮,民间金银与铜钱的储量很小,再加上元末大混战,人口大量死亡,生产遭到严重破坏,庞大的军费只能依靠不断增发的纸币来维持。到 1386 年,金银与纸币的兑换率上涨了 5 倍。按理讲,这时应该会发生严重的通货膨胀,但奇怪的是,自发行纸币之后的 20 多年中,物价一直保持稳定,其中有政府努力的因素。明太祖努力保持纸币币值的稳定性,他规定,商业税收的 30% 用铜钱缴纳,70% 用纸币缴纳,以此回收纸币。明太祖还打击贪官污吏,保持政治清明,尽量不让财政开支过于膨胀。他采取休养生息的政策,充分调动农民的生产积极性,生产逐渐得到恢复。

但是,这些政策都只是次要原因。我们将纸币增发与明代开疆拓土的进程联系在一起看,就知道为什么纸币能保持 20 余年的稳定了。1368 年,明代初建时,仅占有长江中下游地区。同年,明军北伐占据华北。1371 年,明军入川,平定四川。1381 年,明军进攻云南。1382 年,明军攻破大理,完成了南方的统一。1387 年,明军平定辽东。同年,明军消灭元残余势力,元政权彻底瓦解。

在明代开疆拓土的过程中,纸币流通迅速向新征服的地区扩散,只要新征服地区的财力足够,纸币增发的速度不超过扩散的速度,纸币币值就能保持稳定。换句话讲,通过纸币发行再扩散到新征服地区的方式,明军的战争经费有很大一部分是由新征服地区的民众承担的。这便是明初纸币能保持价值稳定的原因所在。

但是,就像历代一样,纸币发行量不断增大,其流通区域稳定,纸币流通范围的扩张速度小于其增发速度,一旦达到临界点时,通货膨胀就要来临了。在 14 世纪 90 年代,明太祖基本统一全国核心地区后,就达到了这个临界点。1392 年,一些地方的纸币开始贬值,尤其是南方的江浙以及江西、福建一带,面额 1 贯的纸币只能换 160 文铜钱,物价上涨了 6 倍。随后,纸币在全国范围内大幅贬值,物价普遍上涨,大通货膨胀终于来了。

为了维持纸币经济,1393 年,明政府下令禁止铜钱流通,纸币成为法定的唯一货币。在中国古代,无论是金银或铜钱,表面上是以集权于身的天子——皇帝的名义发行的。因此,任何人都不得拒收或贬值使用皇帝这一最高掌权者名义发行的纸币。但中国古代中还有"独夫民贼人人得而诛之"的传统,很多时候,即便是皇帝也只能顺势而为,无法拂逆民意、一意孤行。金银、铜钱依然在民间流通,纸币币值依然下降。1400 年,纸币已经跌到面值的 3%。

明成祖即位后,继承明太祖的遗志,五次征伐蒙古,兵锋直抵贝加尔湖,五上黑龙江,在黑龙江口修永宁寺,驻屯于库页岛,建立治理西藏的政府机构,册封藏族首领,统一了西藏。明代疆域一时扩张到 1 100 多万平方千米。但是,这与明太祖的武力征服性质完全不同。当时中国的边疆地区地广人稀,经济落后,货币需求量很少,明成祖时代的纸币不仅无法随着版图扩张的进程而扩散,反而因军费需求而日益过剩。

除了军费之外,明成祖还营建了北京故宫、天坛、太庙等规模宏大的建筑,同时进行万里长城的修建、京杭大运河的疏通以及《永乐大典》的编撰等大规模泽被后世的项目。这些都造成了巨大的财政负担,解决的方法唯有超发纸币。通货膨胀与纸钞贬值日益严重。米的价格从 1375 年的每石 1 贯纸币涨到 30 贯。到明成祖驾崩时的 1424 年,米价达到每石 50 贯,纸币价值已经跌到面值的 1% ~ 2% ,政府不得不允许民间采用实物交易。

面对纸币的急剧贬值,明代的皇帝们虽未像宋孝宗一样睡不着觉,却也忧心忡忡,采取诸多措施来维持纸币的稳定性。盐自汉代以来都是国家专卖,几乎无法偷税漏税,因此盐税是一种人头税。1404 年,明成祖提高盐税,规定成年人每人每月买 1 斤,纳税 1 贯纸币,未成年人每月买半斤,纳税 500 文纸币。当时 1 斤盐只值 3 文铜钱,4 斤盐值 1 贯纸币。当时全国人口约 5 000 万,以 1980 年世界未成年人比例 40% 计算,每年可回收过剩的纸币 4.8 亿贯。这相当于将通货膨胀的损失转嫁到每个老百姓的头上,以民众利益为代价缩小纸币流通量。1424 年,明成祖将南京抽分场与龙江提举司的薪柴木竹以每 10 千克 1 贯的价格卖给民间来回收纸币①。明宣宗继位后,与明成祖如出一辙,将损失转嫁给老百姓,他将商税提高了 5 倍,另增设各种苛捐杂税与罚款来回收过剩的纸币。

但是这些措施仅获得了暂时的成功。政府每年以支付官员俸禄、发放军饷、兴建公共项目、赏赐臣民、采购物品的方式投放大量纸币,税收的增加只能回收其中一小部分。结果连年发行的纸币无法回流国库,绝大部分都滞留在民间,最终导致通货膨胀到纸币经济崩溃的局面。1444 年,米价涨到每石 100 贯纸币,纸币已经严重贬值,当然也不可兑换,政府开始停印纸币并允许民

---

① 抽分场是国家战略物资储备部门,负责将全国各地国家购买的粮食、木材等军需物资调配到都城作储备物资。龙江提举司是政府的造船业管理机构,郑和下西洋的宝船就是在龙江提举司的监督管理下制造出来的。

间用银。明代纸币经济的崩溃并不是由于失控的印钞机,而是政府放弃了维持纸币经济的努力。

明代主币逐渐变成了白银和铜钱。到15世纪中后期,1贯纸币只值1文铜钱。史书记载,当时把无人看管的成堆纸币放在闹市中都无人问津。15世纪末至16世纪初的弘治、正德年间,纸币实际上已废止不行,成为赏赐外邦与文武官员的象征物,纸币经济名存实亡。明末时,政府曾讨论过重新发行纸币的政策,但始终未付诸实践,没有印过一张纸币。清初虽曾印制过数量可以忽略的纸币,但只是中国古代纸币经济的回光返照,很快便被废止。

明代中后期经济繁荣,商业发达,对外经济联系极为紧密。当时,欧洲对中国的瓷器、丝绸、棉布、茶叶等商品有着强烈的需求,而中国对欧洲商品的进口微不足道。欧洲通过向亚洲出口美洲白银来平衡长期的国际收支赤字。反过来,白银则成了中国贸易顺差的结算手段。同时,中国的白银价格大大高于世界其他地方。

16世纪,中国的金与银比价是1:6左右,而欧洲约为1:12,因此中国白银的价格是欧洲的2倍。欧洲人趁机套利,将大量白银出口到中国来赚取高额的汇率差价。结果,美洲白银大量流入中国。欧洲人在美洲的殖民地共生产了10万~11万吨的白银,其中5.1万~7.7万吨流入中国。

由于有充足的白银,张居正掌权后,规定白银为政府唯一法定的缴税货币。自此,纸币经济在大通货膨胀中黯然谢幕,而白银成为在中国流通的主要货币。自北宋至明初,中国人在使用了数百年的纸币后,最终还是放弃了纸币,回归到金属货币与私人钱票并行的货币制度。

纵观中国古代货币经济，我们能发现其中的一些纸币流通与通货膨胀的规律。铜钱携带不便，交易困难。当经济发展到一定程度时，人们对货币的需求量日益增加，缺银少铜导致钱荒蔓延，纸币便在这个时候出现了。随着财政需求的增加，纸币日益增发。如果这个王朝处于扩张期，纸币流通范围随着军队而扩散，纸币币值尚能保持稳定。如果王朝版图没有变化，甚至像金朝一样日益缩小，纸币流通范围没有变化，或随之缩小，纸币币值必然日益下降。如果再有战争的影响，即便纸币流通量没有增加，人们对纸币背后的国家信用产生怀疑，也会让纸币币值逐渐下降。当人们在日渐贬值的纸币与金融货币之间做出选择时，格雷欣法则发生作用了，人们一定会尽快地用掉纸币而保留金属货币，于是纸币流通速度越来越快，纸币贬值的速度随之也越来越快，金属货币日趋取代纸币，纸币流通范围越来越小。此时，即便政府并未超发纸币，只要政府允许人们自由选择，人们会立即舍弃纸币。

当然，在相对温和的通货膨胀期间，人们长期使用纸币，已经形成了纸币币值稳定的错觉，因此金属货币替代纸币的过程需要一段时间。当大部分人都开始意识到纸币正在并将继续贬值时，他们便会选择储备土地、铜钱或金银来保值。这时，作为流通媒介的纸币开始逐渐被取代。

如果要让纸币继续流通，政府就必须利用国家机器来禁止人们使用金银与铜钱。这样违背民心的政策不会存在太久。随着纸币通货膨胀日趋严重，政府官员本身也和普通老百姓一样违反政策，导致原先的政策越来越无法得到贯彻执行，政府不得不放弃维持纸币经济的努力，允许民间使用金银或铜钱。随后，纸币在流通货币中所占的份额继续缩小，政府发行新的纸币变得毫无意义。即便政府继续印钞也无法阻止纸币经济的崩溃，通过大印纸币来搜刮财富变得比增税还困难。到了明代中期，随着海外白银的流入，明代皇帝最终还是放弃了纸币经济。

二　中国古代的信用与高利贷

1. 两汉时期的高利贷经济

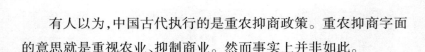

有人以为,中国古代执行的是重农抑商政策。重农抑商字面的意思就是重视农业、抑制商业。然而事实上并非如此。

一般在朝代建立的初期,人口较少,荒地较多,政府鼓励人口增长与开垦荒地,换而言之,也就是较为重视农业。

但从整体上来说,古代固然重视农业,但并未抑制商业的正常发展。中国古代儒家经济思想类似亚当·斯密的自由市场学说,主张政府不应与民争利,国家不应对经济进行干预。这种思想集中反映在《盐铁论》中。因此,除了极少数像汉武帝、明太祖之类的统治者,中国古代很少限制私营工商业的发展。

两汉时期亦然。西汉初期,法律上农民比商人的地位高。刘邦曾下禁令,禁止商人衣丝乘车,并提高工商业赋税来削弱商人势力。到了吕后执政时,解除了这一禁令,但仍然规定市井之子孙不得为吏。实际上所谓商人不可为官的法律只是一纸空文,比如汉武帝政府中的财政技术官僚大多是商人出身。汉政府常常下诏书宣称政府更加重视农业,但实际上商人仍权势熏天。

御史大夫晁错给汉文帝上的《论贵粟疏》中说:"今农夫五口

之家,其服役者不下二人,其能耕者不过百亩,百亩之收不过百石。春耕,夏耘,秋获,冬藏。伐薪樵,治官府,给繇役。春不得避风尘,夏不得避暑热,秋不得避阴雨,冬不得避寒冻,四时之间,亡日休息。又私自送往迎来,吊死问疾,养孤长幼在其中。勤苦如此,尚复被水旱之灾,急政暴赋,赋敛不时,朝令而暮改。当其有者,半贾而卖,亡者取倍称之息,于是有卖田宅、鬻子孙以偿债者矣。而商贾大者积贮倍息,小者坐列贩卖,操其奇赢,日游都市,乘上之急,所卖必倍。故其男不耕耘,女不蚕织,衣必文采,食必粱肉,无农夫之苦,有仟佰之得。因其富厚,交通王侯,力过吏势,以利相倾,千里游遨,冠盖相望,乘坚策肥,履丝曳缟。此商人所以兼并农人,农人所以流亡者也。"①

从晁错的奏议中可以看到,汉代工商业阶层的社会地位远远高于纸面上法律的规定。工商业者一开始是从事贸易积累原始资本,有些人凭借冶铁煮盐,或是巧取豪夺,积累了巨额资本之后开始投资山林川泽等工矿业。当时的工商业者大多是大地主,这些人逐渐形成了两汉时期的豪强阶层。

豪强经营农、林、牧、渔、工、商、高利贷等,资本高速积累,因而变得极为富有。这些豪强大多拥有大面积的土地和众多的房地产。《汉书》记载:豪人之室,连栋数百,膏田满野,奴婢千群,徒附万计……馆舍布于州郡,田亩连于方国。比如,汉成帝时的丞相张禹,"内殖货财,家以田为业。及富贵,多买田至四百顷,皆泾、渭溉灌,极膏腴,上贾"。

---

① 见《资治通鉴》(卷十五)。

王莽改制的目的就是为了抑制豪强势力。王莽的失败恰恰就是因为得罪了各地豪强。东汉的建立则恰恰相反，依靠的是豪强势力。汉光武帝刘秀的云台二十八将全是各地豪强，当中包括刘秀家乡南阳地区的豪强。当时的南阳郡是经济最为发达的地区之一。因此，到了东汉，豪强的势力比西汉更为强大。

东汉开国名将马援曾发出载入史册的豪言壮语："方今匈奴、乌桓尚扰北边，欲自请击之，男儿要当死于边野，以马革裹尸还葬耳，何能卧床上在儿女子手中邪！"①实际上，马援就是一个从事商业贸易而发家的豪强典例。马援家族役使贫民从事农业生产并收取高额地租，租金高达 50%。马援诸子各拥有上千奴婢。如此之多的奴婢只有少数从事家政服务，大多从事工商业活动，或用于经商，或开采矿产。马援家族通过工商业和农业生产，积累资产过亿，用以购买长安的膏腴美田。马援家族和当时其他豪强大族一样，豢养了大批宾客以充当幕僚和打手，帮忙打理畜牧、田庄等事务。

像马援这样具有正能量的豪强毕竟是少数，大多数豪强对社会发展起到的是负面作用。豪强横行一方，鱼肉乡里，藏匿亡命，强奸妇女，杀人行刺，地方官吏不仅不能依法处置他们，反而与其勾结，朋比为害。当时的普通民众对豪强的畏惧要甚于官府。位于今天河北保定的涿郡有豪强大姓西高氏和东高氏，"自郡吏以下皆畏避之，莫敢与牾，咸曰：'宁负二千石，无负豪大家。'宾客放为盗贼，发，辄入高氏，吏不敢追。浸浸日多，道路张弓拔刃，然

---

① 见《资治通鉴》（卷四十三）。

后敢行……"①

一只手持有财富,另一只手拥有权势。这就为豪强经营高利贷业务、赚取高额回报提供了两大前提条件。借高利贷的人主要是普通自耕农。西汉初年,人口最多的是拥有小块土地的自耕农。这些自耕农种出的粟②缴纳赋税和雇人代劳役之后,所剩无几,再生产与衣装等其他支出主要由纺织等副业的收入支持。西汉时期,粮食和土地价格较低。汉初粮价每石在十余钱到百钱之间,田价则从百钱到千钱不等,而农民不能生产的铁器、衣物和食盐的价格较高。这种物价的不平衡导致农民低价卖粮,高价购买工商业者提供的产品。在政府催缴赋税的季节,粮价则被地主和商人压得更低。

正如汉哀帝时期的谏大夫渤海鲍宣所说:"今民有七亡:阴阳不和,水旱为灾,一亡也;县官重责,更赋租税,二亡也;贪吏并公,受取不已,三亡也;豪强大姓,蚕食亡厌,四亡也;苛吏繇役,失农桑时,五亡也;部落鼓鸣,男女遮列,六亡也;盗贼劫略,取民财物,七亡也。七亡尚可,又有七死:酷吏殴杀,一死也;治狱深刻,二死也;冤陷亡辜,三死也;盗贼横发,四死也;怨雠相残,五死也;岁恶饥饿,六死也;时气疾疫,七死也。民有七亡而无一得,欲望国安,诚难;民有七死而无一生,欲望刑措,诚难。此非公卿、守相贪残成化之所致邪? 群臣幸得居尊官,食重禄,岂有肯加恻隐于细民,助陛下流教化者邪? 志但在营私家,称宾客,为奸利而

---

① 见《汉书》(卷九〇)。

② 汉朝农民多种菽、粟、黍、麦、粱,其中粟也就是小米,比例最高。

已。"①自耕农大多陷入经济困境,因生活所迫不得不向豪强大族举借高利贷。

豪强、商人与权贵勾结,经营高利贷业务。在汉文帝时期,首都长安已经形成了一个高利贷市场。放贷的本钱称为"子钱",高利贷从业者称为"子钱家"。这些人将手中积累的巨额资本以很高的利息率贷出。在天灾人祸发生时,还要收取加倍的利息,利息率高达 100%。汉景帝时期,七国之乱爆发,汉政府命令各地诸侯率领勤王之师帮助镇压叛乱。很多诸侯生活奢靡,家无积蓄,只能以食邑租赋为贷款抵押品,以 1 000% 的惊人利息率向高利贷者筹借军饷。

达官贵人尚且遭受到这些从事高利贷业务的豪强剥削,普通百姓更是遭受严重的盘剥。如果本息到期无法偿还,农民就要以极为低廉的价格出售土地、财产,甚至是低价卖妻鬻子。换而言之,普通自耕农家庭陷入了破产的绝境。这些破产农民家庭只有依附于豪强,成为佃农或奴婢。反之,豪强大族所招纳的佃客和兼并的土地越来越多,也越来越有权势。高利贷促进了土地兼并,从而使豪强拥有更多的资本积累,高利贷资本规模也日益增加,这样就形成了一个"富者田连阡陌,贫者无立锥之地"的日趋严重的局面。这势必造成社会不稳定因素日趋增加,政府统治的基础变得越来越不牢靠。

赀贷税指对出借金钱或粮食所得利息所课的税,相当于现代的利息税。汉景帝末期,为限制高利贷活动,西汉政府规定:凡

① 见《资治通鉴》(卷三十四)。

100万钱本金,只允许收取利息20万钱,利息率限制在20%以内,如果利息高于限制要受到法律的惩处。同时规定对所获利息征收6%的收益税,即贳贷税。与法定利息率相比,这一税率是比较低的。

到了汉武帝时代,汉政府对高利贷者加征财产税并颁行告缗令,如果高利贷者违规,令民告缗者以其半与之,即鼓励举报,举报属实者可得没收资财一半,以限制豪强势力的发展。此外,汉武帝政府还对农民实行低息的政策性贷款,用于购买种子、农具等生产资料。如果借款者无力偿还债务,政府还可以暂停还债甚至直接免除债务。

王莽执政时,实行了"五均"政策。"五均"是在长安、洛阳、邯郸、临淄等大都市设立五均司市师,管理市场。每季的中月,司市师评定本地物价,称为"市平"。物价高过市平,司市师照市平出售;低于市平,则听民买卖;五谷布帛丝绵等生活必需品滞销时,由司市师按本价收买。此外,政府提供无息贷款给农民用于祭祀或丧葬,还提供低息贷款给农民用于购买生产资料。

尽管两汉政府多次打击高利贷经济,但多无效果。到了东汉时,社会状况依然如故。汉光武帝时桓谭曾这样描述当时的社会:"今富商大贾,多放钱货,中家子弟,为之保役,趋走与臣仆等勤,收税与封君比入,是以众人慕效,不耕而食,至乃多通侈靡,以淫耳目。"①

直到东汉末年的三国时代,高利贷变得普遍。曹操政府颁布

---

① 见《后汉书·桓谭传》。

的《收田租令》中说："有国有家者，不患寡而患不均，不患贫而患不安。袁氏之治也，使豪强擅恣，亲戚兼并；下民贫弱，代出租赋；炫鬻家财，不足应命；审配宗族，至于藏匿罪人，为逋逃主。"①由此可见，整个两汉时期，完全是一个以豪强大族控制的土地不断兼并的高利贷社会。这种贫富差距悬殊的社会必然是不稳定的。从东汉末年董卓进京开始，一直到晋惠帝司马衷的八王之乱，持续几十年的豪强争霸使中原元气大伤，最终引起了五胡乱华，引发了中国历史上的一次巨变。

---

① 清严可均辑《全上古三代秦汉三国六朝文·全三国文·卷二》。

2. 南北朝佛教的兴盛与寺庙银行

汉亡之后不到八十年的时间,在北方民族的冲击下,中国分裂了近三百年。这段历史对中国文化产生了巨大的影响。其中,佛教从默默无闻成为中国文化的一个不可分割的组成部分。

自佛教传入中国以来,直到西晋灭亡之前,政府都禁止汉人出家为僧,只允许西域人奉佛。然而,到了南北朝之后,佛教却从一个外国宗教差不多变成了全民信仰。477 年,北魏寺庙增长到 6 478 座,僧尼共 67 258 人。512—515 年,寺庙数量增长一倍多。到了 6 世纪中期,北魏寺庙有 30 000 多座,僧尼总数超过 200 万人。六镇叛乱、北魏分裂之后,北周和北齐两国僧尼总数超过 300 万人,占当时北方总人口的 10% 左右。南朝佛教发展略慢,寺庙有 2 000 多座,僧尼有数万人。

佛教的兴盛在南北方各有其原因。在五胡乱华、永嘉南渡之前,儒家流行的是专门研究和传承《春秋公羊传》的公羊学派思想。公羊学派强调大一统思想和"内诸夏外夷狄"的尊王攘夷思想。随着汉人中原政权的崩溃,这一思想受到巨大的冲击。

在北方,当时的民族矛盾激烈而血腥,而有些民族带有仇汉心理,无法接受公羊学派对他们的歧视思想。少数统治者为了凝聚人心,要寻找一种与民族性无关的意识形态体系。佛教这种当时的外国宗教便成了唯一选择。

对于少数统治者来说,作为外来宗教的佛教具有天然亲近感。史籍记载:"著作郎王度等议曰:'王者祭祀,典礼具存。佛,外国之神,非天子诸华所应祠奉。汉氏初传其道,唯听西域人立寺都邑以奉之,汉人皆不得出家;魏世亦然。今宜禁公卿以下毋得诣寺烧香、礼拜;其赵人为沙门者,皆返初服。'(石)虎诏曰:'朕生自边鄙,忝君诸夏,至于飨祀,应从本俗。其夷、赵百姓乐事佛者,特听之。'"①反之,以华夏正统自居的帝王如出自鲜卑宇文部的北周武帝宇文邕在灭佛时则称:"朕非五胡,心无敬事,既非正教,所以废之。"②

在南方,魏晋门阀制度的确立使皇权衰微,北方南渡士族多崇尚玄学,儒家公羊学派缺乏市场。可以讲,士族门阀的立身之本就是玄学。因此,在意识形态上打击玄学就成为皇帝们振兴皇权的手段之一。在这种情况下,南朝皇帝多提倡佛教以削弱玄学的影响力,统一民众的思想。

以笃信佛教而闻名的梁武帝早年曾击败过北魏军队,政绩显著。他是一个政治家,而非善男信女。政治家的特点是见识高瞻远瞩,意志坚强果敢。显然梁武帝倡导佛教并非是老年昏庸,而是用佛教打击士族门阀,并统一民众思想,以达到加强皇权统治的目的。

五胡乱华后的近三百年时间,政治动荡,民不聊生,外族的入

---

① 见《资治通鉴》(卷九十五)。
② 唐释道宣撰《广弘明集·卷十·叙任道林辨周武帝除佛法诏》。

侵与残暴统治,造成生灵涂炭。当时的社会极其黑暗,人民生活极为艰苦。普通民众在现实生活中看不到一丝光明与出路,需要寻找一种心理慰藉。因此,佛教在政府的大力倡导下逐渐兴盛起来。

马克思曾经讲过:人们在自己生活的社会生产中发生一定的、必然的、不以他们的意志为转移的关系,即同他们的物质生产力的一定发展阶段相适合的生产关系。这些生产关系的总和构成社会的经济结构,即有法律的和政治的上层建筑竖立其上并有一定的社会意识形式与之相适应的现实基础①。作为上层建筑的宗教也不例外。任何宗教的传播与兴盛都要有经济基础。佛教原本是随着各国商队从丝绸之路传入中土。魏晋南北朝时期的频繁战争给寺庙扩大提供了千载难逢的机会,奠定了经济基础。当时很多农民抛荒逃难,变成了无地的流民。无论南北方政府,都缺乏安置海量流民的能力。尤其是北朝少数人的割据政权,残酷压榨疆域内的农民,使安土重迁的农民变成了流民。在这种情况下,寺庙吸收大量流民变成自己的佃户。

在政府庇护之下,寺庙享有各种政治上与经济上的特权。南北朝时期,赋税和徭役极为繁重。贫苦农民纷纷竭财以奉僧,破产以供佛。农民把地产献给佛教是合算的,只要在交纳相当数量的租金的情况下,能够保留土地使用权。这些农民变成了僧祇户。僧祇户免除政府赋役,只向寺庙缴纳定额地租。当时的人曾描述过僧祇户的悲惨生活:"进违成旨退乖内法,肆意任情奏求

---

① 中共中央马克思恩格斯列宁斯大林著作编译局:《马克思恩格斯全集》第13卷,北京:人民出版社,1962年版,第8页。

逼召。致使吁嗟之怨，盈于行道。弃子伤生，自缢溺死五十余人。"①

北魏鲜卑统治者保留着落后的部族奴隶制残余，他们将战争中掳掠的人口和犯重罪的犯人没为官奴，赏赐给诸王贵族和有战功者。这些人成为国家贱民，从事无偿的生产劳动。北魏政府将官奴赏赐给寺庙，这就形成了佛图户。佛图户只免除兵役，地位相当于寺庙的奴隶。佛图户除其自身生活所需外，其余应全部交给寺庙。与僧祇户相比，佛图户的境况更加凄惨，他们完全被视为供寺庙驱使的生产工具，而非自由人。

此外，政府还支持寺庙巧取豪夺民田。比如，梁武帝曾强买门阀家族琅琊王氏的庄园八十顷白送给寺庙。门阀士族尚且如此，普通农民的土地很多时候被寺庙公开地强行霸占。当时的寺庙"侵夺细民，广占田宅"②。寺庙还公开抢占山林菏泽，即便是崇佛的梁武帝也指出："奸盗不止，暴掠繁多，或求供设，或责脚步。又行劫纵，更相枉逼，良人命尽，富室财殚，此为怨酷，非止一事。亦频禁断，犹自未已。外司明加听采，随事举奏。又复公私传、屯、邸、冶，爰至僧尼，当其地界，止应依限守视；乃至广加封固，越界分断，水陆采捕，及以樵苏，遂致细民措手无所。"③

在这种情况下，寺庙的高僧们通过神权力量控制了大量的劳动力和土地，通过残酷剥削依附农民，使寺庙财富激增。当时的寺庙财富积累到甚至连皇帝也得向寺庙借钱。南朝元嘉北伐时，财政紧张，军费不足，宋文帝只好要求4个州县中，家产满50万

---

① 见《魏书·释老志》。
② 见《魏书·释老志》。
③ 清严可均辑《全上古三代秦汉三国六朝文·全梁文·卷四》。

的富户和资产满20万的僧尼都拿出四分之一财产借给国家,战事结束后立即奉还。而寺院的高僧们则"但贪钱物,积聚不散,不作功德。贩卖奴婢,耕田垦殖。焚烧山林,伤害众生,无有慈愍。奴为比丘,婢为比丘尼,无有道德。淫佚浊乱,男女不别。令道薄贱,皆由此辈。或避县官,依倚吾道,求作沙门,不修戒律"①。

南朝时期寺庙的情况倒很像近代的少林寺。开国中将皮定均在他的回忆录《铁流千里》中写道:少林寺的和尚也拥有大量土地,周围几十里内的农民大多是他们的佃户,有些所谓"六根清净"的和尚竟公开要挟佃户,有闺女的种水浇地,有好媳妇的种好地,有烂媳妇的种烂地,没有女人的开荒地!少林寺佃户的闺女没有人家愿娶,小伙子没有人家愿嫁,家家都有一部惨痛的血泪史。

与近代少林寺不同的是,南北朝的寺庙财富除了用于僧侣集团上层人物的奢侈享受之外,主要用来发放高利贷,以牟取暴利。北魏宣武帝的诏书说:"僧祇之粟,本期济施。俭年出贷,丰则收入……但主司冒利,规取赢息。及其征责,不计水旱。或偿利过本,或翻改券契。侵蠹贫下,莫知纪极。"②这就是说,北魏政府原本希望寺庙榨取的粮食可以救济赈灾,但实际上寺庙都将其作为高利贷资本赚取利息。在南北朝时期,谷帛也可以作为货币流通,这恰恰是寺庙能以粮食与布匹作为放贷主要形式的原因。

史籍记载,南齐位于石头城北的招提寺和南梁位于荆州的长

---

① 语出《佛说小法灭尽经》,该经出现于南北朝时期,反映了当时寺庙的实际情况。
② 见《魏书·释老志》。

沙寺,都设有典质部门,称为"寺库"。寺库本是寺院的财产保管机构,当时已完全变成了专门经营高利贷业务的金融机构。当时的高利贷业务分为两种类型:一是抵押贷款,二是质押贷款。

抵押贷款和现在的银行贷款业务相似,一般高利贷的抵押品是土地、房产等不动产。在借贷的过程中,土地和房产的所有权仍然归借款者所有,但是,如果借款者还不了钱,土地和房产就归寺庙所有。寺庙通过这种方法兼并了大量自耕农的土地,扩大了财源基础。

质押贷款和后来的典当业相同。一般质押品多是动产,比如黄金、衣服、首饰和牲畜等。当时可以质押的物品种类繁多,甚至可以说是五花八门。

史籍记载,南齐有个叫甄彬的人,有才能学识。他曾经以一束苎麻作为质押品,在长沙西寺库借钱。后来他赎回苎麻时,发现布中裹着五两黄金,于是送还了西寺库。寺庙的僧人大惊说道:最近有人用黄金作为质押品贷钱,当时太突然了,忘记记录在案。施主能归还黄金,这种好人好事少而又少。寺庙要以一半的黄金送给甄彬作为酬金,但往复十余次,甄彬都坚决不受。

在质押贷款的过程中,质押品的所有权与处置权归寺庙所有。只有借款者将本息在一定期限内归还,才可以赎回质押品。如果借款人还不了钱,质押品就由寺庙自由处理。

寺庙的放款对象主要是普通农民与城市贫民。当然,也有少数达官显贵向寺庙借钱。史载,南齐宰相褚渊去世,其弟褚澄从招提寺中赎出一件南齐高帝赐给褚渊的白貂坐褥,并将貂皮割开,为自己做了其他用品。后来,褚澄因此事触犯皇权而丢官。

寺庙是一个有政府支持的严密组织,与私人高利贷相比,收益率更为稳定。在整个南北朝期间,有组织的金融机构也只有寺庙。一些拥有巨额资产的官僚权贵、豪强地主也将资金存放在寺庙,委托僧人放高利贷。与现代银行不同的是,寺庙要在其中抽取一定的佣金。因此,寺庙一手放贷,一手接受存款,与现在的银行又有几分相似之处。

　　寺庙的经济基础扩大到一定程度后,削弱了国家的财政收入,减少了军队的兵员数量,严重影响到政府的统治基础。最终在"三武一宗"①四次灭佛行动的打击下,寺庙的土地与高利贷经济的基础才遭到削弱,逐渐从中国古代金融舞台的主角成为配角。即便如此,寺庙发放高利贷的经营活动却一直持续到元朝。

---

　　① 　北魏太武帝、北周武帝、唐武宗和后周世宗为稳固政权而发动的打击佛教事件。

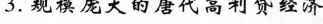

3. 规模庞大的唐代高利贷经济

到了唐代，与南北朝时期不同的是，高利贷业务不再由寺庙这一机构垄断。面对高利贷业务暴利的诱惑，唐政府忍不住和寺庙抢起了生意。这就是历史上著名的公廨钱制度。公廨之义为官署，公廨钱即政府出资的本钱，换而言之，公廨钱制度即政府经营的高利贷。

这一制度源于隋朝。隋文帝时期，"台、省、府、寺及诸州皆置公廨钱，收息取给。工部尚书苏孝慈以为：'官司出举兴生，烦扰百姓，败损风俗，请皆禁止，给地以营农。'"①当时，隋政府财政紧缺，为解决官吏工资和政府办公经费的短缺而以政府名义对外放高利贷。

到了唐代，这一制度被继承下来并被发扬光大。唐高祖时代，政府高利贷业务原本只在京师经营，后来规模逐渐扩大。安史之乱后，这一制度扩展到全国各地。放贷的本钱主要来自国家的税收和国库。一开始，高利贷收益只用于购买政府马匹的饲料，后来渐次用于支付和雇佣力役、祠祭、蕃夷宴赐费用、添修官

---

① 见《资治通鉴》(卷一百七十八)。

府廨宇器物以及驿馆费用等各种需要政府支出的地方。

三省六部下属的各个衙门设有捉钱令史九人，由各个衙门物色善于经商、精于算计的商贾之人充职。每位令史由政府拨给四十到五十贯钱，每月上缴利息四千二百文。如果国库支出五万本钱，可在一年内翻一番，成为十万，令史便可以由吏部给予告身，成为正式的朝廷命官。唐代仕途与后来的朝代不同，科举考试并非进入官场的唯一途径。人们可以通过各种其他渠道跻身仕途，比如公廨钱制度，就开辟了商人入仕的途径。

从中央到地方的各级政府部门采取多种方式大肆经营高利贷，具体负责的是各级官府的捉钱官。具体经营上，官典将官府本钱举贷给捉钱户。这些捉钱户都是各地的富人豪民。捉钱户再往下摊派以普通自耕农为主的举贷人，并将举贷人的姓名、所贷钱额制成账册，上报所属地方捉钱官。

捉钱户被授予政治和经济上的特权，比如可以免除徭役和赋税。如果他们行事违法，也由诸司诸使自行处罚，地方州府不得插手。这实际上是凭借权势庇护捉钱户，只要捉钱户按规定上交利息，便可以从中获得免除杂差徭役等负担，也可以逃脱法律的制裁。一些犯罪之人，则更愿意虚立保契，以向诸司诸使纳利来换得逃避法律惩治的好处，这实质上成了一种钱权交易的手段。

许多富商和地主勾结官吏，投身要司，成了捉钱户。他们依托政府高利贷本钱，将自己的钱也放进去，以政府高利贷的名义放私人高利贷。再依靠政府强权，强取高息，中饱私囊。唐政府收取的利息非常高，年利息率一般在96%～120%，有些时候甚至在300%～400%，最高甚至达到1 000%。很多无力偿还债务的农民会被送进监狱，严刑拷打。老百姓要么选择背井离乡、逃亡他处，要么只能选择死亡。即便如此，政府也要让他们的子孙或者亲戚来代为偿还。唐政府的官方高利贷导致民不聊生、怨声沸腾。

当时的一些有识之士已经非常清楚地看到公廨钱制度的弊端，有时人指出："养贤之禄，国用尤先，取之齐民，未为剥下。何用立本息利，法商求资。皇运之初，务革其弊，托本取利，以绳富家。固乃一切权宜，谅非经通彝典。顷以州县典吏，并捉官钱，收利数多，破产者众。散诸编户，本少利轻，民用不休，时以为便。付本收利，患及于民。然则议国事者，亦当忧人为谋，恤下立计。天下州县，积数既多，大抵皆然，为害不少。且五千之本，七分生利。一年所输，四千二百。兼算劳费，不啻五千。在于平民，已为重赋。富户既免其徭，贫户则受其弊。伤民刻下，俱在其中。"①

政府带头放高利贷，而规模庞大的私人高利贷紧随其后。官僚、地主和商人，只要有足够资本的富人都踊跃投身于高利贷盘剥事业中。比如，当时长安的很多富商就积极从事高利贷活动，他们的利息率比政府的还要高，一般年利息率在120%。这些贪得无厌的富商在当时的民间被称为"钥匙"。之所以被称为"钥匙"，是因为"取民间资财，如秉钥匙，开人箱箧帑藏，盗其珠珍不异也，故有'钥匙'之号"②。

私人高利贷虽不像政府高利贷一样具有强制性，但很多人还是因为各种原因向私人举借高利贷。一旦出现不幸的变故或因为公私赋租的逼征催收，自耕农与城市贫民便迫不得已举借高

---

① 见《唐会要》(卷九十一)。
② 见王仁裕：《玉堂闲话》(卷一)。

利贷。

私人高利贷对广大民众的盘剥比政府高利贷还要残酷。唐代法律有两个重要的规定：其一，不因民众欠债而将其卖为没有人身自由权的奴婢；其二，禁止土地所有权的买卖。老百姓虽然还不上政府高利贷，但至少土地不会被政府强行兼并，名义上仍然拥有人身自由，不会成为奴婢。私人高利贷则不同，那些放高利贷的富人完全视国家法律如无物。

在当时的社会，土地是收益稳定性最强、规模最大的资产。况且，高利贷从业者往往本身就是地主，即便是通过商业致富的富商也多大量购置土地。因此，高利贷从业者往往集官僚、地主、商人的身份于一身。

土地对这样的高利贷从业者具有天然的强烈吸引力。他们常让自耕农以土地与房产作为贷款抵押品。借债者无力还债时，只能将土地与房产拱手交给高利贷经营者。广大小生产者维持日常生活和简单再生产都很困难，他们一旦借高利贷，处境就会更加艰难。借贷者往往是借新债来偿还旧债，根本不会有剩余的资金购进农具以改进生产方式，提高生产力。长此以往，终有一日，自耕农只能廉价出卖土地和房产。他们最终的出路，要么逃往他处，要么依附于富人沦为佃农或卖身为奴婢。

与此同时，富人不仅得到了大量的土地和房产，还控制了数量众多的劳动力资源，财富日趋积累，可以放出的高利贷资本规模也越来越大。这样就加速了广大自耕农的贫困化，使他们大量破产，从而加剧了贫富分化和土地兼并的过程。

唐代政治家陆贽给皇帝上奏一针见血地指出："国之纪纲，在于制度。商农工贾，各有所专。凡在食禄之家，不得与人争利……户蓄群黎，隶役同辈，既济嗜欲，不虞宪章，肆其贪惏，曷有纪极……养一人而费百人之资，则百人之食不得不乏。富一家而倾千家之产，则千家之业不得不空。举类推之，则海内空乏之流，亦已多矣……今兹之弊，则又甚焉。夫物之不可掩藏，而易以阅视者，莫著乎田宅……今制度弛紊，疆理隳坏，恣人相吞，无复畔限。富者兼地数万亩，贫者无容足之居，依托强豪，以为私属，贷其种食，赁其田庐，终年服劳，无日休息，罄输所假，常患不充。有田之家，坐食租税，贫富悬绝，乃至于斯，厚敛促征，皆甚公赋。今京畿之内，每田一亩，官税五升，而私家收租，殆有亩至一石者，是二十倍于官税也。降及中等，租犹半之，是十倍于官税也。夫以土地王者之所有，耕稼农夫之所为，而兼并之徒，居然受利。官取其一，私取其十，稽人安得足食。"①

高利贷业务不仅大肆盘剥自耕农与城市贫民，还蔓延到官僚阶层。唐代自安史之乱后，藩镇割据从河北②蔓延到其他地区，武人纷纷在地方上成为土皇帝，皇权受到极大的削弱。皇帝们为了维持统治，不得不抬高宦官地位，以宦官代表皇权势力来制约武人集团。当时的文官系统夹在地方武人集团与中央宦官势力之间，进退两难，整个政府内部混乱无比。唐代中后期，一般文官多向商人借高利贷，以贿赂买官或升官，到任之后再盘剥一方百姓来还债。这又加剧了普通平民的负担。

尤为严重的是高利贷还严重侵蚀了唐政府的军政系统。当时唐政府中央军主要由宦官控制，为了获取隶属中央之藩镇的任

① 见《全唐文》（卷四百六十五）。
② 唐代河北道主要在黄河以北地区，包括现在的北京、天津，以及河北北部、河南北部、山西和山东的一部分。参见谭其骧主编的《简明中国历史地图集》。

职资格,比如节度使、团练使或防御使等,一些政府军的军官们以极高的利息向富人借高利贷,到任之后,再通过种种手段搜刮财富来还债。史籍记载,"自大历以来,节度使多出禁军,其禁军大将资高者,皆以倍称之息贷钱于富室,以赂中尉,动逾亿万,然后得之,未尝由执政。至镇,则重敛以偿所负"①。这些身负巨债而出任方镇的一方军政大员有一个极为贴切的绰号——"债帅"。

实际上,唐代法律对于官员贪污与行贿受贿罪行有着完备的法律规定。唐代规定官员利用职权在本辖区内侵吞国家财产以贪污罪论,侵盗辖区内人员财物也以贪污罪论。官员一旦贪污金额超过三十匹以上的绢就会被判处绞刑,而老百姓犯盗窃罪不会被判处死刑。当时,官吏向部属或辖区百姓借钱借物,或接受下属与百姓的牛、猪等肉食以及瓜果、蔬菜之类的馈赠都以受贿罪论。利用职权挪用公款以谋取好处则等价于坐赃罪。

行贿罪分为两种情况:其一,当官吏根据行贿者的请求实施了枉法处断时,对行贿者以坐赃罪论,坐赃罪是指官吏利用职务之便收取他人财物;其二,当官吏收受财物但仍秉公处理,则罪减二等。当时规定,受财而枉法者,一尺杖一百,一匹加一等,十五匹处绞刑;不枉法者,一尺杖九十,二匹加一等,三十匹加役流;枉法者二十匹处绞刑,不枉法者四十匹加役流。

此外,唐政府严禁官吏家人倚势取财。唐代法律规定:凡官吏家属对所辖部下或百姓有受乞、借贷、役使等行为,惩罚比官吏本人减二等。但是,如果官吏本身知情不予阻止,则与家属同罪,如果官吏不知情,家属惩罚可以酌情减轻。由此可见,唐代法律

---

① 见《资治通鉴》(卷二百四十三)。

对官吏犯罪的惩罚相当之重，竟然包含了连坐制。

如果严格按照唐代法律规定，无论是执掌大权的宦官还是买官卖官的文武官吏都逃不了犯贪污、行贿或受贿的罪行。遗憾的是，在当时这样藩镇割据、政治动荡、吏治腐败、政由贿成的时代，甚至连皇帝本人都有意默认甚至鼓励官吏与宦官贪污枉法，政府法律完全成了一纸空文。

金融史海拾贝

唐代这种通过高利贷买官的行为一直延续到五代时期。后周开国皇帝太祖郭威的发迹，一开始靠的就是花钱买官。史载，"魏人柴翁以经义教里中，有女，后唐庄宗时备掖庭，明宗入洛，遣出宫。柴翁夫妻往迎之，至鸿沟，遇雨甚，逾旬不能前。女悉取装具，计直千万，分其半以与父母。令归魏，曰：'儿见沟旁邮舍队长，项黯黑为雀形者，极贵人也，愿事之。'问之，乃周祖也。父母大愧，然终不能夺。他日，语周祖曰：'君贵不可言，妾有缗钱五百万资君，时不可失。'周祖因其资，得为军司"①。郭威在五代算得上是一个颇有作为、勤政爱民的一代明君，即便这样的大人物在当时也免不了俗。由此可见，中晚唐时期的军政已经腐败到何种程度了。

---

① 见《二十五史·宋史》（卷二百五十五）。

4. 宋代的高利贷网络与王安石变法

　　与唐代不同的是,宋政府并未继承唐政府公开以高利贷盘剥小民的公廨钱制度。但是,宋代的私人高利贷活动遍布全国各地,比唐代发达得多。在宋代,巨商大贾、官吏、皇室、军队、地主和寺庙都加入了放高利贷的队伍中。

　　比如北宋开国名将石守信在被宋太祖赵匡胤"杯酒释兵权"之后,开始以聚敛财富为己任。石守信次子石保吉可以称得上是宋代的黄世仁。他放的高利贷以借款人的女儿作为抵押品,曾经有人还不了债,他就直接将其女儿抢回家中。

　　官僚、地主可以成为兼营高利贷的商人,商人也可以成为官僚和地主。宋之前,商人进入官场的途径很窄,宋政府却明确规定,商人阶层可以参加科举考试,这就大大拓展了商人从政的空间。

　　在农业时代,土地和房产是规模最大的财富,也是收益最为稳定的资产。通过经商致富的工商业者将大量资本投入土地中。与前面的朝代在名义上规定土地国家所有不同的是,宋代土地私人所有在法律上得到了确认。这就给商人转变为地主提供了一个机会。宋代的商人往往也是大土地所有者。

因此,在宋代,从事高利贷业务的官僚士大夫、地主和富商是一体三面的统一体。正如历史学家乔幼梅教授指出的:历史演进至宋代,私人高利贷者与官僚士大夫阶层的关系发生了显著的变化,其突出标志就是双方关系相互渗透,相互融通。私人高利贷者与官僚士大夫阶层之间的联系日渐加强并且相互转化。这种变化深刻地改变了北宋社会的阶层结构,自汉代开始形成的豪商、地主、官僚三位一体的利益集团在北宋正式确立起来①。

在宋代专业经营高利贷的机构主要是私人经营的当铺。当铺在北方被称为解库,在南方被称为质库。质库类似于南北朝的寺库,只是经营者已经不只是僧人了。当时的质库主要从事质押贷款,兼营付存款利息的存款业务。这些质库多设置在主要城市的繁华商业区。

宋代高利贷业务发展的高峰是高利贷网络的形成,这在以前的朝代是闻所未闻的。当时放高利贷的有钱人被称为"钱民"。"钱民"将高利贷资本委托给别人经营,这些接受委托的人被称为"行钱"。顾名思义,就是可以行走之钱的意思。

"钱民"出资,"行钱"放债,双方各获取利息总额的二分之一。放贷的款项越多,利息越高,"行钱"所获收益则越大。这样就对"行钱"产生了激励作用。这就像一家现代银行,"钱民"是银行总部,"行钱"就是各个分行或支行。"钱民"越多,高利贷网络的节点就越多,高利贷业务经营的范围就越大,利息收益就越多。

---

① 乔幼梅:《宋元时期高利贷资本的发展》,《中国社会科学》,1988 年第 3 期,第 209－222 页。

与现代银行不同的是,"钱民"与"行钱"之间类似于主人与奴婢的关系。史籍记载,有个年轻的张姓"钱民"偶然有事路过某个孙姓"行钱"家,看到孙姓女儿美貌非凡,便强行要求与之婚媾。孙姓"行钱"却解释说,"钱民"娶了"行钱"家的女子将会被邻居笑话。由此可见,主奴之间的身份地位具有巨大的差异。

尽管宋代高利贷的利息率比以前的朝代要低,一般年利息率为 24% ~ 48%,少数情况下也会有 200% ~ 300%。但是,如果借款者到期还不了债,未尝利息便转变成本金再生息,这就是复利。因此,总的来说,宋代高利贷对自耕农与城市贫民的盘剥仍然是很严重的。

宋代高利贷资本可以公开合法地直接以土地与房产作为高利贷抵押品。最终的结果必然是高利贷资本加速了土地兼并的过程。宋代在开国之初,这种局面就已现端倪。到了宋英宗时期,贫富差距扩大,土地兼并加剧,自耕农纷纷破产,再加上外部西夏与辽国的军事压力,宋政府已陷入了在军事上被动挨打、在财政上入不敷出的困境。

面对内外交困的局面,一代名相王安石认为,要解决军事危机就需要财政支持,因此军事危机与财政危机是一体的。王安石指出:"顾内则不能无以社稷为忧,外则不能无惧于夷狄,天下之财力日以困穷,而风俗日以衰坏……臣于财利,固未尝学,然窃观前世治财之大略矣。盖因天下之力,以生天下之财,取天下之财,以供天下之费。自古治世,未尝以不足为天下之公患也。患在治财无其道耳。今天下不见兵革之具,而元元安土乐业,人致其力,以生天下之财,然而公私常以困穷为患者,殆亦理财未得其道,而有司不能度世之宜而通其变耳。"①

在王安石看来，要解决财政危机，只有扩大生产也就是开源这一条路径。在当时，农业是国家的支柱产业，只有提高农民发展生产的积极性，才能发展农业生产，从而达到国富民强的目的。因此，国家政策的第一要务是抑制土地兼并、削弱高利贷势力，从而将农民从高利贷者与大地主的魔爪中解放出来。

王安石入相之后，先后颁布了诸多政策法令进行变法。其中与金融相关的主要有两项政策：其一是1069年推行的青苗法；其二是1072年推行的市易法。

市易法本质上是一种国家宏观调控的经济政策。官府通过设置专门机构，根据市场情况购入或售出商品，以达到调节供求，平抑物价，打击商人囤积居奇的投机行为。比如就粮食来说，在丰收时低价收购并储备粮食，当歉收时则低价抛售粮食。

关于宋代的市易法，史籍这样记载："天下商旅物货至京，多为兼并之家所困。宜出内藏库钱帛，选官于京师置市易务，遇有客人物货出卖不行，许至务中投卖，勾行人、牙人与客人平价，据行人所要物数，先支官钱买之。如愿折博官物者，亦听以抵当物力多少，许令均分赊请。相度立一限或两限送纳价钱，若半年纳，即出息一分；一年纳，即出息二分。"②

宋政府出资100万贯，先在开封设置常平市易司，后改为都提单市易司，又在杭州、成都、广州等21个重要城市设市易务，均隶属开封都提单市易司。宋政府指派相关官员，并招募有经验的

①　见《王文公文集》(卷一)。
②　见《宋史全文》(卷十二)。

商人为政府从事货物交易。这些商人通过五人联保,能够向政府赊购货物或申请贷款,贷款利息率仅 20%,远低于当时的高利贷利息。市易法的目的显然是打击巨商的市场垄断,为中小商人提供贷款,从而削弱高利贷势力,保证了城市经济的稳定。

青苗法则与常平仓制度有着莫大的关系。常平仓制度自汉宣帝时开始到宋代延续了一千多年的时间。常平仓制度规定:在丰收之年,需求增加粮价低廉,政府抬高价格收购粮食;在歉收之年,就反过来操作。常平仓制度操作分为两种形式:一是无息借出粮食,一般在皇朝强盛时才会使用,这相当于对贫民的一种政府赈济;二是有息借出粮食,在历史上的大多数时间都采用这种方式。

正是有息的常平仓制度导致大量主管官吏上下其手,盘剥百姓,使常平仓制度在皇朝衰败、纲纪混乱之时失去其理想效果。此外,常平仓多设置在重要城市或交通要道上,由于运输技术的条件限制,只有少数居民才能享受优惠,居住在穷乡僻壤中真正需要赈济的人反而受惠极小。宋代就有人讲,常平仓的影响范围不超过三十里地。而且常平仓的粮食由于当时的储存技术条件限制,容易腐烂,难以长期储存。

在常平仓制度的基础上,王安石略加改变,就成了青苗法。与常平仓制度相比,青苗法将粮食贷款变成了现金贷款。王安石希望通过青苗法抑制土地兼并,削弱高利贷势力,从而达到稳定谷价,鼓励生产和增加财政收入的目的。

史载,当时宋政府规定:"诸路常平广惠仓略计千五百万以上,贯石敛散之法未得其宜。今欲以见在斛斗,遇贵量减市价粜,遇贱量增市价籴。以见钱依陕西青苗钱例,取民情愿豫给,令随税纳斛斗。内有愿请本色或纳时价贵愿纳钱者,皆许从便。欲量诸路钱谷多寡分遣官提举,仍先行于河北、京东、淮南三路,候其有绪,即推之诸路。"①

青苗法操作的具体规定是:借贷资本有政府储备的货币和粮食,价值约 1 400 万贯,将粮食换为现金。在粮食收获前,由政府借钱给农民,贷款利息率在 20% ~ 30%。申请贷款与否由农民自由决定。放款期分为夏秋二期,夏熟作物借贷在正月三十日以前,秋熟作物借贷在五月三十日以前。农民还能自由选择还贷方式。在农作物收获之后,农民根据当年的收成,决定归还现金或粮食。如果收获时粮食价格上涨,农民可以在市场出售粮食,在获得一定的赢利之后,归还贷款和约定利息,但这一比例不能超过贷款总额的 30%。官民约定还贷的粮价,如果粮价下跌,农民只要按约定利息率用实物还债即可。

青苗法针对的对象主要是农民。当时在农村的贷款均为信用贷款,而在城市则是抵押贷款,抵押品主要为房产。青苗法还采用了联保贷款的方式。早在唐代,常平仓制度在用粮食进行贷款时,就已经采用了联保贷款的方式。青苗法继承了这一方法。青苗法规定:在农村的贷款以 10 户为一保,每保由经济条件较好的富人为最终担保人。在城镇的贷款则以 5 家结为一保。此外,青苗法还采用了现代银行所使用的信用评级和风险控制制度。青苗法根据不同贷款人的经济状况规定了最高贷款限额分别为 14 贯、10 贯、6 贯、3 贯和 1 贯 500 文。通过联保、贷款人信用分级和风险控制方法,青苗法有效地降低了政府贷款的风险,提高

① 见《宋史全文》(卷十一)。

了贷款收益。

王安石变法有效地扭转了宋政府财政危机的问题,达到了富国的目的。仅就市易法和青苗法来看,市易法执行七年的总收入达到143万贯,平均每年收入20余万贯。青苗法执行第四年的收入为292万贯,执行第六年的收入又翻了一番,大致相当于宋英宗时期财政收入的五分之二。

但是,市易法和青苗法并没有达到富民的目的。市易法不仅打击了大商人,也打击了中小商人。神宗死后,仅开封一地就有27 155户还不了债,27 093户中小商人共欠83万贯,其中欠200贯以下的小商人25 353户。

青苗法造成的影响更大。尽管原则上规定农民贷款是自愿的,但当时对地方官吏的政绩考核主要就是看新法推行的情况。青苗法推广的范围越大,官吏的政绩则越大,升迁的概率就越大。结果地方官吏强行将贷款分配给农民。此外,由于青苗法的贷款利息率远远低于私人高利贷,大量贫苦农民为了维持生计,完全不考虑自己的还贷能力而过度借贷。

最终的结果,青苗法借贷规模远超出农业经济的承受能力,最终导致大量自耕农破产。这就像现代经济的信用危机一样。如果信贷过度扩张,金融资产的价值远超过实体经济的规模,必将导致银行大量贷款由资产变成了呆账烂账,从而引发银行危机和恶性通货膨胀,最终导致财政危机与金融危机的爆发。王安石罢相,保守派司马光入相后,将王安石的变法逐渐废除。南宋高宗时,王安石所有的变法举措彻底被取消。有宋一代最伟大的改革终于偃旗息鼓了。

直到900多年之后,光绪进士、哥伦比亚大学博士陈焕章的

《孔门理财学》在美国出版发行，书中详细介绍了王安石变法尤其是青苗法的内容。这本书在美国产生了巨大的影响。罗斯福新政时期，时任农业部部长的华莱士根据《孔门理财学》的内容，模仿王安石的青苗法，制定并实施了《1933年农业调整法》。

当时美国市场萧条，粮食过剩，粮价低落，农业人口占全国人口总数的三分之一左右，农民购买力的下降对美国经济的冲击巨大。当时金融垄断寡头控制了美国的农业信贷系统，农民无法贷款维持生计，土地兼并现象极为严重，这加重了农业衰败的情况。华莱士制定的农业调整法规定，政府在农产品有剩余时用商品贷款把剩余产品储存在农场中，使农民收入增加，扭转了农业萧条的境况。罗斯福政府还建立了商品信贷公司和联邦剩余商品救济公司，将收购的剩余粮食免费分配给工人，从而保证了城市的稳定。这一系列举措与青苗法几乎一样。

此外，巴菲特的授业老师金融投资教父格雷厄姆也受到了王安石思想的影响①。他认为，金银等贵金属本位制和不可兑换纸币制度都不能稳定经济，只有将货币发行的储备改成一系列过剩商品的组合，建立基本商品储备制度，才能实现供需均衡，还能具有自动融资和清算的功能。由此可见，王安石金融思想的先进性超越了他所处的那个时代。

---

① 这一思想反映在格雷厄姆所写的《储备与稳定》一书中，中文版由海南出版社于2000年出版。

5. 军队经商是两宋武力不振的
重要原因

在汉唐宋明清这样历代大一统朝代中,宋代是武力最为薄弱的一个朝代。虽然宋代的武器装备和后勤系统在当时处于世界领先水平,宋军的规模也空前庞大,但两宋三百年历史,军队不堪一击,给后人留下软弱无能的印象。在北方,宋军一开始被辽国压着打,靖康之变后又被金国压着打。西北的西夏虽然是一个国弱民寡的小国,但宋军在这也没占到便宜。

整个宋代在军事上,只有在宋神宗登基、王安石执政时,其爱将王韶在西北小有成就。大多数时候,皇帝和文人士大夫只会割地、给岁币。比如宋哲宗登基、司马光执政时,宋政府将陕西边境数城割让给西夏,并追加岁币企图求和苟安。但结果西夏连年进兵,宋军仍然被动挨打。北宋末年宋政府与金人联盟伐辽,童贯与刘延庆等人率领宋军精锐的几十万西军北伐,却被万余辽兵打得全军覆没。金军第一次南下时,2万余兵就轻松打败30余万宋军。靖康之变时,金兵在黄河北岸敲了敲战鼓,15万守河宋军在一夜之间就一哄而散。可见,宋军战斗能力之低下,战斗意志之薄弱。

究其原因,从宋代开国时,就已经埋下了武力不振的种子。

晚唐五代时期,武人强势割据,皇权威信扫地。五代诸位开国皇帝多是依靠强大的武力,拥兵自立为帝。后晋大将安重荣曾直截了当地说:"今世天子,兵强马壮则为之耳。"①

依附于皇权的文官势力也遭到强兵悍将的巨大打击。当时的文官地位低下,唯武人马首是瞻。最为典型的例子便是冯道,他历仕后唐、后晋、后汉、后周四朝十君,做过二十多年的宰相。此外,947 年,契丹太宗耶律光消灭后晋,入主中原,冯道还曾短暂做过契丹政权在中原的宰相。文人的气节扫地,在政权中的地位也一落千丈。后汉武将史弘肇曾说文官:"轻人难耐,每谓吾辈为卒。"②他极度瞧不起文官,说:"安定国家,在长枪大剑,安用毛锥!"③

宋太祖赵匡胤登上皇帝宝座也是军队拥立的结果。陈桥兵变完全就是郭威滑州兵变的翻版④,可见赵宋一朝获取天下恰恰是沾了晚唐五代武人掌权的光。赵匡胤登基后,生怕卧榻之畔有他人酣睡。他曾讲过:"朕今选儒臣干事者百余分治大藩,纵皆贪浊,亦未及武臣一人也。"⑤在赵匡胤看来,即便文官再贪污腐化,也不会像武将那样直接威胁到赵宋的统治。

为了加强皇权统治,解除武人对中央政权的威胁,赵匡胤一改晚唐五代之兵制,将兵权分解为三个部分:枢密院有发兵权,却

① 见《资治通鉴》(卷二百八十二)。
② 见《资治通鉴》(卷二百八十八)。
③ 见《资治通鉴》(卷二百八十九)。
④ 后周开国皇帝郭威篡位的过程与赵匡胤几乎一样,赵匡胤陈桥兵变完全是拾郭威之牙慧。两人唯一不同的是,郭威加身之黄袍乃是士兵撕裂的黄旗,赵匡胤的黄袍是真正准备好了的黄袍。可见,欺人孤儿寡母的赵匡胤篡位前的准备工作比郭威做得要充分。
⑤ 见《宋史全文》(卷二)。

无握兵之重;殿前司、侍卫亲军马军司和侍卫亲军步军司合称三衙,有握兵之重,而无发兵之权;发生战争时,临时指派的统军大帅只掌有指挥权。通过这种兵制改革,兵权完全集中到皇帝一人之身。

赵匡胤劝解他的开国武将说:"人生如白驹之过隙,所以好富贵者,不过多积金钱,厚自娱乐,使子孙无贫乏耳。尔曹何不释去兵权,出守大藩,择便好田宅市之,为子孙立永远不可动之业?多置歌儿舞女,日夕饮酒相欢,以终其天年,我且与尔曹约为婚姻,君臣之间,两无猜疑,上下相安,不亦善乎?"①这就是说,武将只要忠心于皇帝,能力强弱并不重要,敛财奢侈也不是坏事。换而言之,给予武将们丰厚的待遇,但压制其权力、地位与荣誉。

尽管赵匡胤对武将极尽压制,但开国武将们还是延续了五代武将的风格,多少还是有些军事才能的。到了宋太宗时代,平庸的赵光义比赵匡胤对武将的猜忌有过之而无不及。赵光义给出征统帅派出太监做监军以监视武将。赵光义甚至直接干预武将在战场上的指挥权。他闭门造车,设计阵图授予将帅,这就是所谓的"将从中御"。显然,战场形势瞬息万变,按图索骥的战法必败无疑。民族英雄岳飞就曾对抗金名将宗泽说过:"阵而后战,兵法之常,运用之妙,存乎一心。"②赵光义的做法并非为了打赢战争,而是为了更好地控制武将,防止他们拥兵自立而已。

对于文官来说,晚唐五代的局面是文人士大夫的噩梦,只有稳定的政权才能让他们大展手脚。皇帝与文官一拍即合,共同推

---

① 见《宋史全文》(卷一)。

② 见《宋史·岳飞传》。

行崇文抑武和以文驭武两大政策。

崇文抑武主要依靠科举制度。进士上榜既是官场通行证，也是荣耀之事。尤其是状元及第，更是无限风光。有人曾这样描述当时的情况："太宗临轩放榜，三五名以前皆出贰郡符，迁擢荣速……状元登第者，不十余年皆望柄用，人亦以是为常，谓固得之也。每殿庭胪传第一，则公卿以下无不耸观，虽至尊亦注视焉。自崇政殿出东华门，传呼甚宠，观者拥塞通衢，人摩肩不可过，锦韀绣毂，角逐争先，至有登屋而下瞰者，士庶倾羡，欢动都邑。洛阳人尹洙意气横跞，好辩人也，尝曰：'状元登第，虽将兵数十万，恢复幽蓟，逐强虏于穷漠，凯歌劳还，献捷太庙，其荣亦不可及也。'"①

以文驭武则将军事指挥权从武将手中转移给文官。从宋太宗时代开始，宋代逐渐任用文官担任中央和地方军队的统帅。武将只能成为文官的副手，地位低于文官，比如北宋名将狄青的顶头上司就是文官范仲淹。

武将的军事才能高低也不是皇帝所关心的，忠心才最重要。清人赵翼曾举过几个例子："太宗雍熙四年，刘廷让与契丹战于君子馆，廷让先约李继隆为援，及战，而继隆不发一兵，退保乐寿，致廷让一军尽没，廷让仅以数骑脱归。是继隆之罪，必宜以军法从事……而释继隆不问。真宗咸平三年，契丹入寇，宋将傅潜拥步骑八万不敢战，闭城自守。部将范廷召求战，不得已分兵八千与之，仍许出师为援。廷召又乞援于康保裔，保裔援之，力尽而死，而潜之援兵不至。帝仅流潜于房州……仁宗时，夏人寇塞门

---

① 　见田况：《儒林公议》（卷上）。

砦，砦中兵才千人，赵振在延安，有众八千，砦被围已五月，告急者数至，振仅遣百人往。砦遂陷，砦主高延德、监押王继元皆没于贼。庞籍奏劾振，乃仅贬白州团练使。"①而有能力的武将会让皇帝或文官集团感受到威胁，必然会受到打压。如杨业、呼延赞、狄青、岳飞等名将多未获得善终。

为将者如是，为兵者的地位更为低贱。宋政府为了防止民变，只要有地方发生灾荒，就会将大量青壮年灾民招募为兵。除了灾民外，正常情况下应征入伍的多是游手好闲的市井之徒。此外，少数士兵是罪犯强行充军。为了防止士兵逃亡，宋政府还继承了五代朱温的做法，在士兵脸上刺字。当时只有罪犯才会在脸上刺字。显然，军人在当时被视作下贱的奴婢，而非武勇之士。即便身怀报国之愿的岳飞在从军之时，也只愿意参加地位较高的特种部队，成为敢战士和效用士，而不愿成为脸上刺字的普通士兵。

在两宋这样的社会背景下，人们普遍以从军为耻。比如宋仁宗曾准备让范仲淹从文职换为武职。"先天下之忧而忧"的范仲淹立刻上书坚决反对，最后不了了之。民间谚语"好铁不打钉，好男不当兵"就来源于宋代，当时流传的原话是"做人莫做军，做铁莫做针"②。

无论是将还是兵，心甘情愿在沙场上甘冒白刃、出生入死，乃至于马革裹尸的军人才是高素质的军人。高素质的军人才能组成战斗力强大的军队。高素质的军人需要有精神和物质两个方

---

① 　见赵翼：《廿二史札记》（卷二十五）。

② 　宋人话本小说《新编五代史平话》汉史平话卷上。

面的鼓励才能培养成功。在精神方面,要有保家卫国、勇于担当的责任感。在物质方面,军人要有良好的经济基础。如秦国的军功制就融合了精神与物质两方面的要素,游牧军队则通过掳掠与标榜武勇来鼓舞士气。

南宋岳家军是一支典型的高素质军队。岳飞手下军士多是逃到南方为盗的北宋溃兵。岳飞之所以可以将这些人锻炼成一支善战之军,靠的是物质和精神两方面的保证。在物质上,岳飞保证将士家属的生活无虞。岳飞以身作则,与士卒同甘苦,朝廷赏赐都分配给全军,极得人心。曾经有一个穿着单衣站岗放哨的岳军士兵,在寒风中冻得瑟瑟发抖。有人问他有无怨言,这位士兵回答说,岳飞从不克扣军饷,如数发放的钱粮都给一家老小糊口保暖了,所以对岳飞没有任何怨言。在精神上,岳飞培养起将士保家卫国的社会责任感,激励将士收复失地、洗雪国耻。曾有一名骑兵被岳飞派往行在临安递交奏折,途经长江,恰值风浪,渡口的官员禁止他过江,但这位骑兵宁可淹死也不愿违背岳飞军令,自驾一艘小船航行于大风大浪中。正是因为岳家军有充分的物质保证,有驱除外虏的责任感,才能具有坚强的意志力,保证严格的军纪,从而形成强大的战斗力。

像岳家军这样的军队,在宋代历史上绝无仅有。宋代军人普遍缺乏军人应有的荣誉感和尊严。两宋武将在政治与军事上丧失进取心之后,多变得贪财好色、怯懦无能。能够升职的武将多依附于皇帝本人或掌权的文官集团。长期受压制和歧视的武将们多无军事才能,胆小怯懦、品行低劣、自卑萎靡。一旦发生战争,他们上了战场之后多胆怯惧战、庸碌无为。

武将的才能多表现在贪财黩货上。以南宋中兴四将①中的刘光世、张俊为例。刘光世出身将门,作战无能却敛财有道。他畏金军如虎,每逢上前线总是设法坐守后方,准备随时逃跑。刘光世常吃空饷占用军费,他将士兵作为自己的免费劳动力,经营自己的私人田庄。他的军队有近万人专门做各种生意。善于经商必然拙于战斗。南宋朱熹对刘光世的评价倒是十分准确,他说"光世贪财好色,无与为比,军政极是弛坏"②。

张俊比起刘光世,有过之而无不及。张俊从军中挑选了数千名身材高大的士兵,在腿上刺满锦绣花纹,人称"花腿军"。这支军队被张俊用来讨好赵构建造行在宫殿。"花腿军"作为国家军队还被用于修建张俊私人的住宅与商业房产。其中有座名曰"太平楼"的酒楼,是杭州规模最为宏大的商业房产。张俊的商业房产的租金总额每年高达七万三千贯。张俊通过经商等各种手段占据了田地一百多万亩,也就是约 700 平方千米。依靠这些田地,他每年收租米六十万石以上,相当于南宋财政收入最高的绍兴府年收入的两倍以上。

武将赚大钱,士兵也不甘落后。尽管两宋政府财政收入的 80% 以上都用于养兵,但军队规模过于庞大,大致是十户养一兵。中国古代每户平均在 5 人左右,按照宋代的军民比,中国现代常备军的规模得超过匪夷所思的二千五百万人。即使武将们没有贪污渎职,庞大的军费像撒胡椒粉一样完全分配到每个士兵家

---

① 分别是岳飞、韩世忠、刘光世和张俊。将刘光世和张俊列入,有宋代御用文人吹捧之嫌疑。以军功来看,吴阶、吴麟兄弟和刘琦的战功显著,远远超过刘光世、张俊和韩世忠。

② 见《朱子语类》(卷一百三十一)。

庭,也是杯水车薪。

当时的士兵贫困到令人咋舌的程度。与西夏作战的宋军士兵连粗布衣服都穿不起,穿的竟然是纸衣,披挂也是纸甲。北宋末年和南宋开禧北伐之时,都出现了士兵在盛寒之季赤膊上阵的情况。即使在和平时期,每年寒冬之时都有数百上千的士兵活活冻死。有些士兵让妻子或者女儿涂脂抹粉,送到繁华市集沦落风尘,卖身糊口。少数士兵沦为乞丐或成为盗贼。在宋人眼中,标准士兵的形象并非高大威猛、身体强健,而是瘦骨嶙峋、不堪劳顿。

在这样的情况下,士兵小本经营养家糊口的现象是无法阻止的了。一般来说,无论是北宋的禁军还是南宋的驻屯大军①,都主要驻扎在京师、行在或其他繁华都市中。这就给士兵为了维持生计在外面从事第二职业提供了一个极为有利的条件。大多数士兵只能依靠出卖劳动力来赚取微薄的回报养家糊口。也有一些士兵家庭做起了小买卖,比如饭铺、茶肆和长途贩运等。还有一些士兵则成为军队的打工仔,以军队投入的资金作为经营资本,为军队从事各种商业活动。宋军中的种种怪象连宋神宗这样有作为的皇帝也无力扭转。宋神宗曾经承认,如果不给士兵从事第二职业的机会,会有士兵连饭都吃不上。

南宋赵构时期,随着岳飞赐死、秦桧独掌大权,军政急剧败坏。秦桧比较喜欢贪赃枉法的官吏,而不喜欢廉洁之士。这是因为贪官的欲望强烈,欲望越强烈就越容易被控制与支配。秦桧选择武将的标准倒是符合宋代的祖宗家法,即军事能力低下,但善

---

① 禁军到南宋后变成了无关痛痒的地方军,驻屯大军是南宋的主力部队。

于聚敛财富,还要以钱开路,行贿买官。武将们继承了刘光世、张俊等人的遗风,不仅大肆兼并土地,经营房地产,还从事当铺、旅店、货栈、酒坊的商业活动。

宋宁宗像宋神宗一样确实有收复中原、复仇雪恨的志向,但赵构时期败坏的军政难以挽回。宋宁宗时期的宰相韩侂胄继承了秦桧的遗风,武将尽是一些贿赂买官之庸才。南宋宦官的权力非常大,要想获得武将职位必须要向宦官或当政的文官行贿。行贿金额明码标价,依据级别高低价格不等。只要能出得起钱,就能做得了军官。

朱熹曾指出:诸将之求进也,必先掊克士卒以殖私利,然后以此自结于陛下之私人,而祈以姓名达于陛下之贵将。贵将得其姓名,即以付军中,使自什伍以上,节次保明,称其材武……陛下但见其等级推先,案牍具备,则诚以为公荐,而可得人矣。而岂知其论价输钱已若晚唐之债帅哉!彼智勇材略之人,孰肯抑心下首于宦官、宫妾之门。而陛下之所得,以为将帅者,皆庸夫走卒,而犹望其修明军政,激劝士卒,以强国势,岂不误哉①? 这说明,当时的武将已经和晚唐五代时的债帅没有多大区别了。用这些买官的将帅来打仗,无论是宋宁宗开禧北伐还是抗蒙战争,结果都是必然失败的。

---

① 见《宋史·朱熹传》。

6. 官场人脉是明清商帮的核心竞争力

南宋以降,中国民间诞生了带有地域性质的商人财团,即所谓的商帮。南宋灭亡了,商人财团却长兴不衰。到了明清时代,这些商人财团富可敌国,对近代乃至于当代的政治与经济都产生了深远的影响。在这些地域性商人财团中,徽商是闻名于世的佼佼者。徽商始于南宋,元末就有徽州徽商通过经营高利贷业务谋取暴利。

很多人以为,徽商的兴起靠的是讲信用,其实不然,徽商是否遵守信用是一种工具性的考量。如果遵守信用的收益高于成本,就守信用,反之则不会遵守信用。在历史上,存在很多徽商不守信用的例子。徽商讲信用显然有被夸大的成分。

实际上,徽商起家靠的是垄断经营。在中国古代,盐业属于刚需,一向被政府控制。一开始,盐业主要由政府垄断经营。到了唐代中期,政府将盐业的生产和零售权都交给商人,政府只控制批发环节。宋代和明代执行的是盐引制,即商人花钱购买盐引。明代为了充实边境地区的粮食储备,规定盐商需要送粮到边境之后才能在边境官吏手上换取盐引。后来,商人只要向政府交钱购买盐引,就可以从产盐之地买盐再运输到政府规定的其他地区去销售。

正是由于受到政府的严格控制，盐业具有极强的垄断性，盐商的垄断利润非常高。比如清初苏北的两淮盐场是全国规模最大的产盐地区。当地生产价格每斤仅2~3文钱的两淮之盐运到江西后可以卖到60~70文钱，扣除物流成本和政府赋税，利润也有十几倍，甚至几十倍。当时仅在淮东扬州一地，盐商资本就相当于国库存银的50%以上。商人只要获得了盐引就拥有了盐业的垄断经营权。

徽商的资本积累最初靠的就是掌握盐业垄断经营权。明清时代的两淮盐商大多是徽商。比如清代，在两淮盐商的八位首领人物——总商①中，就有四名徽商。徽商之所以能够垄断盐业，靠的是权钱结合的官商勾结。徽商所到之处，都广交官员朋友。当然，官员朋友对于徽商来说，是生意上的靠山。

对于手上有实权的在任官员，徽商见缝插针，以钱开道。即便是在官场倾轧中失去权力的官员，徽商也愿意慷慨解囊，给予资助。此外，对在官场上有发达可能性的人，徽商也绝不低眼相看，而愿意帮助这些人在官场上开路。尤其是一些考科举的穷书生，更是徽商的高回报投资品。只要他们一朝高中、进入仕途，就能对徽商知恩图报。

家喻户晓的徽商胡雪岩起家靠的是王有龄。王有龄本来花钱买过浙江候补的官，却穷困潦倒，无钱进京。胡雪岩偶然认识王有龄，便掏了数百两白银助了王有龄一臂之力。后来王有龄担任了湖州知府，委派胡雪岩代理湖州财政国库。胡雪岩挪用湖州

---

① 清政府在盐业特许商人中指定为首领的大商人。

用于上缴国库的公款,按照预先规定的价格预付白银给当地桑蚕户,等到桑丝生产出来后,再转手运往杭州、上海等地高价销售。回款的钱再上缴。这相当于从政府手中拿到了一笔无息贷款用于私人赢利。

王有龄担任浙江粮台总办时,从政府漕运资金中抽取20万两白银,帮助胡雪岩开办了阜康钱庄。当时清政府把漕粮经费拨到浙江,都由阜康钱庄汇兑。太平天国起义时期,太平军打到江浙地区。江浙地区很多富人也将巨额资金存在阜康钱庄。比如苏州潘叔雅、关季重等人将202万两白银存在阜康钱庄。在王有龄的操作下,清军在浙江大约一半以上的政府经费也都存到了阜康钱庄。有趣的是,太平军的钱也存在这个钱庄中。胡雪岩的钱庄在当时倒有点像二战时期的瑞士银行,金钱在这里没有敌我之分。胡雪岩利用无本资金在战争中大肆投机,积累了巨额的财富。

1862年,太平军攻下杭州,当时升任江浙巡抚的王有龄是个有气度的人,一方大员守土有责,杭州失守,为了承担责任竟然自缢而亡。左宗棠继任巡抚。当时左部缺钱少粮。和左宗棠素不相识的胡雪岩,花了几天时间几乎卖光了自己所有的产业,筹集了20万石粮食捐献给左宗棠的军队。这算是胡雪岩一场成功的赌博。

1866年,左宗棠奉命调任陕甘总督,镇压西北回乱,收复新疆。当时西征军饷由各省共同资助,但经费不足,还常拖欠。左宗棠为此委派胡雪岩举借洋债,筹措军饷。胡雪岩通过上海汇丰银行的古应春,先后六次向英国渣打银行借款累计1 870万两白银。左部巨量军用物资的采购全权委托胡雪岩。仅1875年,胡雪岩就将一万多支来复枪从上海运到甘肃兰州。整个平叛期间，胡雪岩代购的各种枪支，仅左宗棠军队刘锦棠部的算在一起就有2万多支。此外，胡雪岩还为左部购买了火炮等各种其他武器装备。

胡雪岩在这一代理过程中，大快朵颐，竟然敢举借高利贷给军队。左宗棠军队的贷款利息率高达100%。其实渣打银行只拿了其中的一半不到，大多被胡雪岩私人吃了回扣。胡雪岩背靠左宗棠这棵大树，在各省设立阜康钱庄20多处，建立起庞大的金融网，并以金融资产为依托经营中药、丝、茶等各种业务，控制了整个江浙经济。从1862年到1872年的10年内，捐献左宗棠的20万两白银之投资收益高达2 000万两白银，投资收益率为10 000%。乾隆时期的财政收入7 000万两，光绪末年的政府财政收入才8 000万两。以现在的角度来看，相当于在2013年拥有3万亿~4万亿的人民币资产。换句话讲，胡雪岩的财富规模可称得上是富可敌国。后来在洋务运动中，胡雪岩又协助左宗棠引进西洋机器，创办了福州船政局等。这时的胡雪岩真是风光无限好，被清政府赐穿黄马褂，赠二品顶戴。

徽商"贾而好儒"显然是有现实考虑的。众所周知，科举制使官吏与文人士大夫是硬币的一体两面，做官的人多是儒家的饱学之士。徽商通过儒学的学习，就可以与官吏沟通无障。对于饱读圣贤书的官吏来说，与徽商打交道不像是与带有铜臭味的官商勾结，反而更像是文人士大夫之间的交好，心理上更易于接受一些。

此外，徽商"贾而好儒"可以激励自己的子弟跻身仕途。攀附官吏虽是一条途径，却将政治权势假于他人之手。徽商更愿意让自己的子弟参加科举考试,直接进入官场。明清时代,徽州人士考中功名的大部分都是徽商子弟。结果,有些徽商本人位居高位,有些徽商或父亲做官儿子经商,或父亲经商儿子做官,不一而足。有徽商研究者认为,清代大多徽商家族进入仕途,经商人数越来越少,从而导致徽商的衰落。当然,这只是一家之言,但也确实反映出徽商从政人数之众多的程度。

徽商结交的对象既有众多的官吏,也有国家的最高统治者——皇帝。明代初年,就已经有徽商向朱元璋捐献 10 万两资助军费。到了明代中后期,徽商汪新曾向万历皇帝捐献价值巨万的粮食,被授予正四品的南昌卫指挥佥事,大致相当于现在的副部级。徽商吴时佐捐献 30 万两白银给万历皇帝,他的五位兄弟子侄被授予内阁中书的官衔,也就是皇帝秘书。

清代乾隆时期,清军镇压大小金川叛乱,收复台湾、新疆和西藏,都要巨额的战争经费。财大气粗的商人看准巴结皇帝的时机。当时有商人捐助几十万、上百万,甚至最高达到 800 万两白银。仅军需一项,皇帝就收到商人捐助的 2 640 万两白银。这些商人中徽商占很大比例。

清代,乾隆曾数次下江南游玩。扬州又是徽商聚集之处,每次皇帝南下,徽商都捐出一百多万两白银助皇帝之游兴。乾隆非常高兴,直接给徽商封官加爵。乾隆在北京为生母庆祝寿典,很多徽商为此捐献几十万两白银用来装点京城大道。乾隆又大手笔地封官加爵。比如徽商郑鉴元甚得皇帝恩宠,直接被赏赐正四品中宪大夫、刑部山东员外郎的虚衔。

皇帝对徽商的封官加爵,尽管多是虚衔,却提升了徽商的身份地位,在与各级官吏打交道时也不再处于攀附的地位了。在徽商的努力下，皇帝与官吏对徽商呵护有加。而徽商背靠大树，作威作福，大赚其钱。

前文已经讲过，各盐场的盐都有政府规定的销售区域，禁止越界进入其他地区销售。比如在清代，两淮所产之盐只允许在江苏、安徽、江西、湖北、湖南和河南南部销售。当时福建也产盐，但福建的盐不允许被卖到江西。福建与江西直接交界，运输距离较近，福建的盐在江西的售价也比较低。当时经常有盐商将福建的盐运到江西销售，这样就影响到了徽商获取高额的垄断利润。皇帝与官吏都袒护徽商的利益，最终将福建盐商从江西境内驱逐出去。江西的老百姓只能承受不正当竞争的后果，长年被徽商盘剥，食用价格昂贵的淮盐。

由此可见，徽商的核心竞争力无非是官场人脉。中国投资银行资产管理部前总经理文小芒先生曾一针见血地指出：徽商就是以贿赂官员甚至官商一体为核心竞争力，获得政府采购代理权，国库解付代理权，军费支付代理权，国债发行代理权，铸币税，甚至发死人财（例如军人存款、太平军存款）。至于茶叶、颜料、丝绸、药材、纸张、陶瓷、粮食、煤炭等商业贸易，都是附加在金融信用上的，他们最大的特点是商业资本与金融资本完全结合了①。

徽商得之于官场人脉，又失之于官场人脉。就盐业来讲，1832 年，清政府改革盐引制度，取消盐业销售的地区垄断，严重打击了从事盐业的徽商群体。政策实行后，全国盐价大跌，失去垄断利润的两淮徽商纷纷破产，有些徽商子弟甚至沦落到沿街乞讨的地步。

---

① 　参见文小芒：《成功就是失败的胡雪岩》。

胡雪岩的失败亦然。太平天国被镇压后,李鸿章和淮军利益集团势力超过左宗棠。而李鸿章与左宗棠的政见不同。比如在左宗棠欲收复新疆时,李鸿章却在后面大谈新疆收不收复于国家元气没有伤害的谬论。李鸿章要在政治上打击左宗棠,就要打压胡雪岩。在李鸿章的操作下,胡雪岩的钱庄被挤兑破产。胡雪岩发家过程中的不正当手段都留下太多把柄,政治上的失势也是必然的。1883 年,慈禧太后下令革职查办胡雪岩,理由是他在左宗棠收复新疆举借洋债时吃了回扣。两年后,胡雪岩便黯然离世。

从徽商兴盛到衰败的发展史来看,清代衰败的原因与历代都不同。当时,中国面临三千年来未有之变局,整个民族面对的是生死存亡的问题。民国时期有的人将中国人与印第安人作比较,考虑中国人会不会有亡国灭种的一天①。

除了清代以外,中国历代王朝灭亡的主要原因都很相似。在农业时代,土地是最大的财富与资产。自秦始皇一统天下以来,各王朝或短至数十年或长至数百年,历经两汉、两晋、隋唐、两宋、大明等朝代,任何一个朝代的兴衰都与土地、高利贷有关。一般在开国之初人少地多,随着人口增长,土地开垦面积越来越大,土地产出总量与民众收入同步提升。另外,随着人口增长,贫富差距拉大,民众收入在达到一个顶峰后开始逐渐下降,土地兼并的情况日益严重,高利贷活动推波助澜强化了这一过程。

尽管历朝历代都有明君干相试图力挽狂澜,比如两汉之汉武帝和王莽、宋之王安石以及明之张居正,但是都只能救一时之弊,

---

① 晚清有人建立保国保种的保国会,历史学家雷海宗教授曾在国民政府军事委员会主持的《扫荡报》上撰文提出中国人将来有可能像印第安人一样灭绝。《扫荡报》1938 年 2 月 13 日发表了《此次抗战在历史上的地位》一文。

无法抗衡既得利益的官僚、大地主和大商人集团,改变王朝日趋衰败的势头。古代罗马也曾出现过相似的情况。罗马共和国末期,土地兼并严重,高利贷泛滥,自耕农大量破产。罗马的格拉克兄弟希望通过实施土地分配改革方案缓解矛盾,但这两人都先后被寡头统治集团杀害。

在这种情况下,一旦碰到天灾人祸或是战争,王朝的土崩瓦解就不可避免了。中国数千年农业时代的历史都证明了这一点。对于今天来说,农业时代的历史并非毫无借鉴之处。现代社会要保持长期的稳定、繁荣和发展,也要防止贫富差距的拉大,降低财产性收入与劳动收入的比例。更为重要的是,政府要代表绝大多数人民的利益,不能成为极少数大资产持有者的掌中玩物。只有这样,才能实现中华民族的伟大复兴,圆一个五彩斑斓的中国梦,让中国人重新回归他们在世界民族之林应有的地位。

三　从明代货币自主权的丧失谈明清白银经济

1. 早期资本主义世界体系中的中国

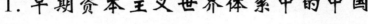

　　在人们的印象中,明代与清代是一个连续的一体化的两个朝代。清承明制似乎已经成为共识。比如明代一定也像清代一样闭关锁国,自以为是天朝上国。但是,真实的历史并非如此。

　　2009 年 9 月 26 日,南澳 1 号古船的水下考古抢救发掘启动仪式在广东汕头市南澳县举行。这艘沉船的年代为明嘉靖至万历年间。2012 年 9 月第三轮打捞完成,出水瓷器、铁器、铜器、锡器等文物近 3 万件。这种考古发掘并非孤例。20 世纪 80 年代中期,阿姆斯特丹举行题为"晚到了 400 年的中国瓷器来了"的大型拍卖会,拍卖品均是从 16 世纪至 17 世纪沉船中打捞出来的中国瓷器。实际上,从 20 世纪 50 年代开始,大量考古发掘与研究表明,明代中国与东南亚、欧洲贸易的规模极大。据史料记载,仅荷兰东印度公司就在 17 世纪的 80 年间从中国运出 1 600 万件瓷器。

　　从上古时期开始①,从欧洲到中国的贸易路线主要有四条:第一条经中亚到达小亚细亚;第二条经欧亚大草原进入欧洲;第

―――――――――――

　　①　考古发掘证明,早在 3 000 多年前的商朝,东方与西方之间就存在着贸易关系。

三条由海路入波斯湾,然后经中东两河流域到地中海东岸叙利亚一带;第四条由海路至红海,然后由陆路到埃及亚历山大港。

然而随着奥斯曼帝国的兴起①,以突厥系乌谷兹部族为核心,以突厥系其他部族为补充的奥斯曼人,不断对欧洲进行攻击,占领了巴尔干半岛和小亚细亚地区。1453 年 5 月 29 日,奥斯曼军攻陷君士坦丁堡,拜占庭帝国宣告灭亡。君士坦丁堡改名伊斯坦布尔,成为奥斯曼帝国的新首都。奥斯曼人彻底占领了地中海东部的广大地区,控制了东西方之间的四大传统商路。

奥斯曼人远比阿拉伯人要有战斗力得多。如果不是哈布斯堡家族集中全欧洲的财力、人力和物力抵御奥斯曼人的入侵,欧洲人早已被奥斯曼人赶到大西洋了。事实上,奥斯曼人对欧洲的战略攻击一直持续到 1683 年的维也纳之战,之后才转入相持阶段。即便如此,当时最为强大的海上帝国西班牙自始至终都避免与土耳其海军交锋。由此可见,奥斯曼人的军事实力是多么强大。

奥斯曼陆军封锁了欧洲人的陆路贸易通道,海军则封锁了欧洲人的传统海道。欧洲各国只得另觅路径,希望绕过奥斯曼帝国

---

① 弗兰克在《白银资本》中说:更重要的原因可能是,威尼斯和热那亚在东地中海地区商路的竞争,热那亚人在伊比利亚的利益以及他们为了战胜威尼斯人对埃及商路的牢固控制而使出的种种手段。正如林达·谢弗指出的,这正是人们经常引用的葡萄牙人托姆·皮雷斯的那句话的意义:"谁成为马六甲的主人,谁就扼住了威尼斯的咽喉。"弗兰克为了打破欧洲中心论,认为并非奥斯曼人的扩张引发了欧洲大航海时代的来临。笔者认为,弗兰克的观点值得商榷。大航海时代的动力并非主要来自欧洲人为香料、财富和贵金属而寻找新商道的冲动。弗兰克所提到的这些理由早在罗马时代就一直存在,比如波斯人、阿拉伯人一直就控制着商道,威尼斯人又垄断着欧洲的对外贸易。对西欧人来说,无论是从伊朗人、阿拉伯人或奥斯曼人手中转手获取香料或其他商品,结果都相似。因此,弗兰克的理由并不充分。

的贸易垄断,建立通向亚洲的新海路。

15 世纪末只有 110 余万人口的葡萄牙成为海上扩张的急先锋。葡萄牙是第一个摆脱摩尔人①统治的欧洲国家②。在与摩尔人的长期战争中,葡萄牙建立起一支强大的海军力量,在造船业上也胜过其他国家。自此,就像经济史家弗兰克说的那样:自1500 年以来就有一个全球世界经济及其世界范围的劳动分工和多边贸易……正是亚洲的吸引力导致了在 1492 年哥伦布的航海活动之后西半球"新"世界的"发现"及其被纳入旧世界的经济和体系中,导致了在 1498 年瓦斯科·达·伽马的绕非洲航行之后欧洲与亚洲的关系更加紧密。以后的几个世纪里,人们继续积极地寻找另外一条经由西北航线绕过或通过北美,以及向东通过北冰洋,抵达中国的途径。

直至明初,中外贸易仍以奢侈品为主。自南宋以来,中国大量购买海外珍宝、香料、药材,造成长期贸易逆差,金银等贵金属大量外流。从明代中期开始,中国开始保持巨额贸易顺差,这一事件长达两个半世纪之久。当时中国是世界上最大的核心经济体,这种核心地位基于它在工业、农业、水路运输和贸易方面所拥有的绝对与相对的更大的生产力。中国的这种更大的(实际上是世界经济中最大的)生产力、竞争力及中心地位表现为,其贸易保持着很大的顺差。这种贸易顺差主要基于丝绸和瓷器出口在世界经济中的主导地位。

金融史海拾贝

106

①　摩尔人,指中世纪伊比利亚半岛(今西班牙和葡萄牙)、西西里岛、马耳他、马格里布和西非的穆斯林居民,大多为阿拉伯系贝都因人。

②　711 年摩尔人入侵西班牙,后征服伊比利亚半岛,开始了近 800 年的伊斯兰统治。从 1085 年到 1492 年,经过几个世纪的努力,葡萄牙、西班牙先后独立。

明代中期，中国商品如生丝、丝织品、瓷器、茶叶、棉布、砂糖、粮食、药材等，在国际市场上享有很高的声誉，具有很强的竞争力。明代中后期，中国向全世界出口的商品有 236 种之多，其中手工业品有 137 种。中国自明代中期以来逐渐成为世界经济的中心，这依赖于中国强大的商品制造能力和生产出来的丰富商品。中国商品拥有千百年间发展起来的精湛工艺，质量优异。而且当时许多日用品生产技术为中国所专有，占据了有利的市场垄断地位。就纺织品生产而言，中国是麻类纤维原产地，千余年间积累了丰富的生产技术，居当时世界领先水平。中国生丝制作的产品比当时的欧洲要领先 100 多年。

西欧迫切需要质优价廉的中国商品，香料、药材、茶叶、瓷器、丝绸等物都深受西欧人的欢迎。由于多年战争和自然灾害的影响，西欧能向外输出购于东方的货物非常有限，必须用现金即贵金属白银货币支付。他们只好携带大量银子来中国购买货物贩回国内。

质优价廉的中国商品在与欧洲、美洲各地商品的较量中优势明显。中国与欧洲、美洲各国海上贸易航路的开辟，为中国日用消费品获得了广阔的国际市场。输入马尼拉的中国货物有生丝、丝织品、天鹅绒、绫绢、绸缎、棉布、麻织品、珠宝、工艺品、钢铁锡铅制品、硝石、火药、食品、家禽、家畜等，其中纺织品为大宗商品。由于西属美洲市场需求很大，中国丝织品和棉织品很快跃居马尼拉大商帆输往美洲货物榜首，并一直保持到大商帆贸易的终结。直至 18 世纪末，中国丝绸等商品仍占墨西哥进口总值的 63%。

由于西欧各国商品难以与物美价廉的中国商品竞争，西班牙人、葡萄牙人和后来开始对华贸易的荷兰人、英国人都不得不支付巨额白银购买中国商品,中国一直对外贸易顺差。因此,日本白银产量的绝大部分和占美洲产量一半的世界白银流入了中国,数量十分庞大,中国已然成为一个"黑洞",吸纳了当时全球白银产量的绝大部分。

对于国际贸易与国际金融的平衡,弗兰克认为,美洲、欧洲、非洲和日本四个地区数百年间都保持着贸易逆差。其中,美洲各国和日本靠生产黄金和白银来对冲贸易逆差,而非洲则靠黄金和奴隶来对冲贸易逆差。然而,欧洲不生产黄金和白银,也生产不了可供中国人使用的商品来对冲贸易赤字。欧洲人的办法是做掮客,将非洲的奴隶运到美洲销售换回白银,再用美洲白银购买中国商品,再将中国商品转手卖到美洲和非洲。欧洲成为全球贸易网络中最为活跃的中介。最终,全球大部分白银都流入中国。

此外,贵金属货币购买力在各国的差异也是白银流入中国的重要原因之一。这是因为贵金属货币不仅可以对冲贸易逆差,也可以通过各国购买力差异来进行套利交易,从而获得高额的投机利润。在市场流通的贵金属较少的地区,贵金属购买力较高,反之则较低。这样从购买力较低的地区将贵金属出口到购买力较高的地区便会产生巨额利润。在 16 世纪和 17 世纪早期,欧洲人经常在欧洲与亚洲、中国与日本之间利用黄金和白银的汇兑差额进行套利。

相对于欧洲各国,中国商品以白银表示的相对价格极为低廉,在国际市场上具有极大的价格优势。比如在墨西哥市场上,中国丝织品价格远远低于欧洲的,只有西班牙的 30%。在东南亚,中国丝织品价格是荷兰的 30%。在欧洲本土,中国丝织品价格是欧洲本地产品的 25% 左右。欧洲麻织品比中国同类产品贵

8倍。在菲律宾市场,中国铁钉价格为西班牙的1/4。这便为欧洲人的套利交易奠定了实体经济的基础,从而导致白银流入、黄金流出。

由此可见,事实上,明代中国根本没有闭关锁国,当时的中国经济已融入早期资本主义世界体系之中,而且在经济全球化中占有重要的地位。中国进入世界资本主义体系不是自鸦片战争,而是明代后期,当时中国与欧洲的贸易早已非常发达。

2. 从铜钱到白银的货币革命

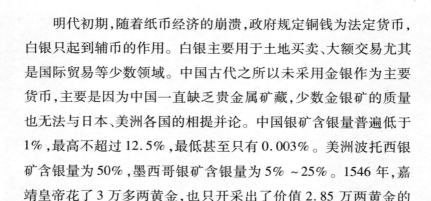

明代初期,随着纸币经济的崩溃,政府规定铜钱为法定货币,白银只起到辅币的作用。白银主要用于土地买卖、大额交易尤其是国际贸易等少数领域。中国古代之所以未采用金银作为主要货币,主要是因为中国一直缺乏贵金属矿藏,少数金银矿的质量也无法与日本、美洲各国的相提并论。中国银矿含银量普遍低于1%,最高不超过12.5%,最低甚至只有0.003%。美洲波托西银矿含银量为50%,墨西哥银矿含银量为5%~25%。1546年,嘉靖皇帝花了3万多两黄金,也只开采出了价值2.85万两黄金的银矿,显然得不偿失。

15世纪中期的正统皇帝时代,白银在民间的流通市场上占有支配性地位,但实际上中国国内白银的开采量越来越低。明开国到15世纪末一百余年的开采总量为3 000多万两,加上前代遗留下来的数量,总计不会超过6 000万两。在16世纪初到明亡的一百多年中,白银产量非常低,平均每年只有10万两左右。

铜钱的铸造数量也少得可怜。从明太祖朱元璋到16世纪中期隆庆皇帝时期的两百年间,铜钱发行量只有320万~480万枚。整个16世纪,铜钱铸造数量虽然大幅提升,但也只有3 600

万～5 400万枚,相当于北宋一百多年所铸铜钱的12%～21%,完全无法满足民众日常交易的需要。明朝的老百姓不得不从地下挖出宋代古铜钱来使用。

与明代相反,美洲、非洲各国以及日本盛产金银等贵金属。1545年和1548年,秘鲁的波托西银矿、墨西哥的萨卡特卡斯银矿相继被发现、开采并大量向外输出。16世纪末,西班牙的美洲殖民地占有世界贵金属开采量的83%,仅波托西产量就超过全世界白银年产量的60%。日本白银矿藏量也极大,被欧洲人誉为"银岛"。17世纪以前,日本白银产量约占世界总产量的20%。

如前文所述,中国与美洲、欧洲、非洲各国以及日本的直接或间接贸易使明代中国成为整个世界所产白银的"黑洞"。从1550年到1645年的近一百年中,从海外流入中国的白银有1.4万吨之多,是同期国内银矿所产白银总量的10倍左右。

中外海上贸易有三条主要航线。

美洲白银通过太平洋运到马尼拉,再转至中国。中国对美洲贸易航线西端起点为福建的漳州月港、厦门和广东的广州等地,以菲律宾的马尼拉为中转口岸,其东端终点为墨西哥阿卡普尔科。

中国对欧洲贸易航线为"里斯本—好望角—果阿—马六甲—澳门",中国澳门是中欧贸易枢纽。美洲白银先输入欧洲,欧洲的美洲白银通过贸易转运中国澳门,然后流入中国内地。仅1631年一年内,由菲律宾输入中国澳门的白银就达1 400万两,相当于1403—1434年明代30年官银矿总产量的2.1倍,是万历年间明代国库岁入的3.8倍。1500—1650年,从美洲运到欧洲的白银约16 000吨。1493—1600年世界银产量是23 000吨,美

洲产量达 17 000 吨,约占世界银产量的 74%。美洲白银大约
70% 输入了欧洲,其中的 40% 又流入亚洲。美洲通过欧洲转手
运到中国的白银大约有 5 000 吨。

流入中国的海外白银另一个主要来源地是日本。中日贸易
分直接贸易和通过葡萄牙人进行的澳门—长崎转口贸易两条途
径。明中后期白银内流,由葡萄牙、西班牙、荷兰担纲,而日本,凭
借与中国传统的交通往来和地理上的优势,始终扮演着重要角
色。日本不仅用白银购买中国货物,而且用白银交换中国钱币。
日本白银流入中国的年代早于美洲白银,流入途径有民间走私贸
易和葡萄牙人开展的转口贸易两种。走私贸易成为中日直接贸
易的主要形式。全汉升、李龙华估计,16 世纪最后 25 年间,日本
生产的白银半数外流,其中大部分被葡萄牙商人运走,每年数量
为 50 万~60 万两;到 17 世纪前 30 年,每年运出 100 多万两,有
时高达 200 万两。1601—1647 年的 47 年间,日本白银输出总量
有 7 480 余万两,大半输入中国。

此外,欧洲人在中国、日本、欧洲各国之间开展的三方套汇业
务是白银流入中国的另一条重要渠道。中国的白银与黄金的兑
换比例一向很高。1375 年,金银兑换的比例是 1∶4。1385 年,白
银价格略微上升,这一比例达到 1∶5。1413 年,金银兑换的比例
变成了 1∶7.5。在 16 世纪初,中国金银兑换的比例是 1∶6。明代
中后期的绝大部分时间内,金银兑换的比例主要维持在 1∶7 或
1∶8 左右的水平。而欧洲、波斯和印度黄金与白银的兑换比例却
很低,三个地区分别为 1∶12、1∶10 和 1∶8。到 16 世纪末,在中国
海外贸易最为繁荣的广东地区,金银兑换的比例仅为 1∶5.5 或
1∶7,而西班牙为 1∶12.5 或 1∶14,在日本为 1∶10,在印度为 1∶9。

这表明中国白银的价格或购买力是印度、日本、波斯和欧洲各国的 2 倍左右。这就是说,欧洲人将其他地区的白银输入中国兑换中国的黄金,利润率为 100% 左右。

大量白银的涌入使中国的白银价格逐渐降低。整个明代,黄金平均价格每两折合白银 6 两 4 钱 7 分,约等于宋元时代平均价格的 63%。金银兑换比例的骤升发生在崇祯朝时期。万历时期金银兑换的比例为 1:7、1:8 甚至 1:5,至崇祯时期变成1:10。

然而,即使中国市场黄金和白银之间兑换的比例变成1:13,这一价格水平仍然要滞后于同期欧洲金银兑换比例。在 1492 年以前,欧洲金银兑换的比例就已达到 1:12。大航海时代开始后,欧洲金银兑换的比例变成了 1:15.5 左右。白银价格仅在一个很短的时间中上升过,但金银兑换的比例也只有 1:10.6。

就是到了 18 世纪,中国白银价格仍然比欧洲的高 50%,这就是说欧洲人的套利交易有 50% 的利润率。这刺激了 18 世纪美洲白银的生产,世界各地的白银争先恐后地大量输入中国。而中国直到清中叶约乾隆时期金银兑换的比例才达到 1:15 的水平,基本与欧洲拉平。这样的套利交易才逐渐消失。

大量白银的涌入对中国的货币制度产生巨大的冲击。自秦始皇统一币制以来,外圆内方的铜币历经朝代更迭,盘踞本位货币宝座一千多年。大量白银的流入,终于改变了中国数千年的货币结构。1567 年,明政府规定:凡买卖货物,值银一钱以上者,银钱兼使;一钱以下只许用钱。这条明确银钱兼使的法令,是明代首次以政府颁布的法律形式确定白银成为合法货币。到了嘉靖时期,中国市场上的白银货币化完成的基础已万事俱备,只欠东风。

白银为本位币、铜钱为辅币的银本位制形成，欠缺的唯一条件即以白银为政府纳税的唯一货币。货币与政府财政是一个无法分割的整体。国家税收机制创造了人们对货币的需求，即任何主权国家都有权向其国民征税，并要求支付税收只能使用国家指定的货币。

　　税收机制的根蒂是国家主权。如果一国政府只接受某种货币作为税收支付手段，公众与企业只能向政府提供商品和服务以获得本国货币来缴税。国民由于有了强制性的税收负担，才愿意获得该货币。但这并不是说没有税收负担的人不需要货币，或者说只有有税收负担的人才愿意接受该货币。原因在于有税收负担的人必须使用规定的货币纳税，而没有税收负担的人也需要使用最权威的货币来清算其与有税收负担者之间的债权和债务。

　　因此，归根究底，无论是纸币还是金属货币，其之所以能够流通的驱动力在于国家税收。明代白银替代铜钱本位制的最终确立需要政府赋税的规定，这就是一条鞭法。

3. 白银革命、一条鞭法与利益集团

　　从铜钱到白银的货币革命对明代的赋税制度造成了巨大的影响。明初的赋税制度建立在分类核定的基础之上,主要特点是赋役分开,实物与货币兼收以及民收民解。赋是田赋。田地分为官田与民田两大类,官田的田赋含有田租,要高于民田的田赋。根据土地的肥瘠程度,田地又分为不同等级,收取不同的田赋。田赋缴纳的物资,夏税以小麦为主,秋粮以米为主。役是劳役。户的等级决定了付出劳役的多少。这就是说,人力、物力、财力充裕的人户相应地承受着较高的赋税。

　　这样的赋税制度体现了出身贫民的皇帝朱元璋之治国理想。理论上,这是一种典型的累进税制,具有一定的公平性与先进性。累进税的税率随课税对象数额的增加而提高,即按照课税对象数额的大小,规定不同等级的税率。课税对象数额越大,税率越高;课税对象数额越小,税率越低。朱元璋希望通过累进税制让占有社会财富较多的社会成员同时也是受益最多的社会成员承担更多的责任与义务。

　　显然,累进税制的实行必然会遭到既得利益阶层的反对和抵制。具有个人威信与能力高超的朱元璋逝去之后,明初的赋税制度逐渐脱离理想的轨迹,变成了纸面上的公平与正义。

要严格按照朱元璋的理想来分配赋役,就必须要建立户籍与土地清查制度,精确掌握户籍与田地的情况,以区分等级,精确而公平地分配田赋与劳役到户。

1381年,明政府建立了当时的户籍制度,即黄册制度。黄册以户为单位,详细登载乡贯、姓名、年龄、丁口、田宅、资产等,并按从事职业划定户籍,主要分为民籍、军籍、匠籍等。地方官核实每户丁口、田宅及资产等的变动情况,逐年累计的材料作为造黄册的依据。

1387年,明政府建立了鱼鳞图册制度。鱼鳞图册是旧时为征派赋役和保护封建土地所有权而编制的土地登记簿册。明政府在丈量土地的基础上编制图册,分为鱼鳞分图及鱼鳞总图。鱼鳞分图以田块为单元编制,每张分图上绘有田块形状草图,详细登记土地拥有者的姓名,土地亩数、四至、地形及土质(平原、山地、水边、下洼、开地、沃壤、瘠贫、沙荒、盐碱)等级,按照《千字文》顺序给每块土地编号,并注明其所在都(相当于今乡镇)、图(相当于今行政村)。鱼鳞总图由各分图田块组成,田块内注有田块编号、面积及水陆山川桥梁道路情况。各图的《鱼鳞图册》经过汇总,形成以乡为单位的总图,各乡之图再合并为一县之图。县图汇总后,逐级上报到户部,户部则以各地汇总上报之图来管理全国土地、征收田赋。

到了明代中期以后,黄册和鱼鳞图册制度事实上早已败坏。地方官吏根据需要,编造白册。赋役的依据变成了白册。白册的分类、核定与等级主要依靠地方上的富豪人家。地方豪强和里胥相互勾结,改变田则、户等,伪造赋役文书,偷逃赋税。本来应该承担较多赋役任务的富豪人家凭借贿赂有关管理机关和经办人员而隐匿丁粮,反使贫苦百姓承担了本不应承担的过重的赋役负担,造成百姓倾家荡产、妻离子散。百姓往往不堪重负而逃亡到外地,国家财政也入不敷出。

针对这种情况,在大量白银流入的前提条件下,一条鞭法出现了。一条鞭法最早由御史傅汉臣在1532年上给嘉靖皇帝的奏议中提出,随后在部分地区试行。著名的清官海瑞在担任南直隶巡抚时,曾在江苏与安徽两地大力推广一条鞭法。

最终在1581年,首辅张居正将一条鞭法推广到全国,成为有明一代最为著名的制度变法。所谓一条鞭法,就是总括一州县之赋役,量地计丁,丁粮毕输于官,一岁之役,官为金募,力差则计其工食之费,量为增减,银差则计其交纳之费,加以增耗。凡额办、派办、京库岁需与存留供亿诸费,以及土贡方物,悉并为一条。皆计亩征银折办于官,故谓之一条鞭立法①。概括起来说是:"总括一县之赋役,量地计丁,一概征银,官为分解,雇役应付。"②

一条鞭法把所有的政府税款和劳役都归入田地里面,按照田地面积来征收白银。除了苏州、松江、嘉定和湖州四府仍征收400万石约合2.28万吨大米运至北京外,全国所有地区的田赋全部由征收实物变为征银。一条鞭法放弃了累进税制,以统一的标准税率防止确定田赋级别过程中豪强与里胥可能发生的舞弊行为。针对劳役确定过程中豪强避重就轻的漏洞,取消劳役按户

①　见《明史·卷七十八志第五十四·食货二》。
②　《明神宗实录》万历十八年二月,1590年户部给万历皇帝的奏章。

的级别分配的制度,将所有差役合并为白银的征收,所有人户一律按统一标准承担劳役。针对赋税征收过程中距离远近不同造成的物流成本不均的现象,将民收民解改为官收官解,只要缴纳税银就已完成纳税义务。

一条鞭法确立之后,无论是国家税收、军饷官俸、京库岁需还是民间借贷等都用白银,白银成为唯一具有充分货币职能的货币。明政府在制度上确立了以银钱取代实物的纳税方式,正式承认了白银取代铜钱的法币地位,建立起以贵金属白银为基础的货币制度。

一条鞭法的出台暂时性地起到了拯救时弊的作用,但一波未平,一波又起。税法改革随着时间的推移又产生了大量新的问题,比如臭名昭著的火耗。显然,除少数富人外,普通民众缴纳的白银多是零碎的银两。散碎之银不便于征收、起解①和入库。因此政府在征税之前要将碎银铸造成大块的银锭。起解至京的银锭重量一般为五十两。这就是民间俗称的元宝。碎银铸成银锭会出现损耗,因此地方政府在征税时会多收一些白银以弥补损耗,这就是明清史上有名的火耗。此外,白银起解至京的过程中会产生一定的物流成本,这些成本都归并为火耗。

于是地方官府纷纷向纳税人收取额外的费用,号称弥补熔铸的损耗,火耗成为地方敛财的一个巧妙手段,也成为纳税人沉重的负担。赋税采用征银的形式大大便利了官吏贪污,刺激了他们贪欲的膨胀。白银易于被侵吞,增加了贪污的机会。

---

① 地方政府将钱、粮等物解送上级政府,称为起解。

地方官员及他们的属下希望赋税征收得越多越好，赋税越多从中渔利的机会便越多，因此，明政府的赋税征收只是明面上按一条鞭法的规定。一条鞭法使税收征管权集中于地方政府，无疑会对基层官僚与里胥产生徇私舞弊的巨大诱惑。各个地方的贪官污吏在一条鞭法之外，巧立名目，给民众摊派各种苛捐杂税和劳役。而从民间收上来的苛捐杂税并未全部进入国库，而是大多落入贪官污吏手中。很快，一条鞭法在后来的具体落实执行中失效了。

另一个更为严重的问题是，以白银为纳税货币，会导致贫富不均的现象更为严重。当时全国人均白银持有量为3两左右，不同的社会阶层掌控的白银量不同。工商业者手中拥有大量白银，普通农民不是白银的主要持有者。

不同地区持有的白银量差距巨大。明代白银大多由海外流入南方沿海地区，再从南方沿海流入北京，从北京流入东北边区，又从东北边区回流到南方。处于白银流动网络边缘的西北、山东等地成了白银紧缺的地区。作为传统的粟麦产区，西北、山东缺乏原棉和生丝之类的经济作物，而中国正是用丝绸和瓷器去换国外的白银。这样西北和山东成了一个白银稀缺之地。换句话讲，便是粮多银少。农民不得不贱卖粮食换回白银来缴纳赋税。

但是在经济发达的江南地区，人们也并不好过。无论农民拥有的是粮食，还是桑生丝、棉布或手工业品等实物产品，他们都必须在定期缴纳赋税之时通过商品交易换取白银。这样就造成农民首先要遭到工商业者的盘剥。在这种情势下，农民被迫贱卖自己的实物产品，大量实物产品被有钱人家减价收购，造成垄断的局面。因此，虽然普通民众缴纳了更多的赋税，政府却未能征收到更多的赋税，受益者只是处于中间位置的工商业者、地方豪强与地方政府的官吏。

江南地区原本是粮食可以自给的，但随着海外贸易的扩张，当地大多改为种植各种经济作物，导致农民要靠出售生丝、原棉、棉纱和棉布来购买粮食。一条鞭法实施之后，还要用银两来缴纳赋税和地租。因此，一旦粮食主产区歉收，或因战争导致物流通道不畅，饥荒就会发生。道理显而易见，西汉晁错就曾讲过："夫珠玉金银，饥不可食，寒不可衣。"①

总的来说，一条鞭法并没有改变政府赋税的征收总额。根据一条鞭法，没有土地的商人与手工业工场主可以不缴纳丁银即人头税。张居正变法调整的仅仅是不同社会阶层之间的赋税分配比例。

实际上，整个明代，政府都未出现过主动扩大政府预算的年头，只有在战争状态下支出大幅上涨时才被迫扩大预算收入。然而，明代经过两百余年的经济发展，人口和耕地面积都大幅增长，工商业渐入佳境。明政府却依然贯彻祖宗家法，不愿意扩大税基，结果政府征收的赋税不但未能随着人口增长和土地开垦的实际情况而增长，反倒一直下降。因此，在明政府预算固化的情况下，一条鞭法的实施仅仅意味着在国民中间重新分配承担的义务和责任。

在这种情况下，政府的财政收支状况处于走钢丝的状态，无

---

① 见《资治通鉴》（卷十五）。

法承受外部的巨大冲击。比如一旦发生大规模的战争,政府财政支出必然远远低于收入,从而导致国家财政危机的爆发。正是因为这个原因,明政府在边境冲突中一直保持守势,不敢主动组织大军横跨大漠、犁庭扫穴以彻底解决外部威胁的对外战争,有时候甚至是出卖国家利益以求得一时之安宁。

1571 年,在高拱和张居正的主持下,明政府与蒙古土默特部首领俺答达成隆庆和议。和议规定:明政府封俺答为顺义王,封俺答之兄弟、子侄和部下多人为都督同知、指挥使、指挥同知、指挥佥事等官;俺答每年向明政府贡马一次,由明政府给予马价,另行赏赐;在边境开关互市。

表面上是蒙古部落归顺明政府,实际上隆庆和议却是一个亏本买卖。从政治上看,明政府将自秦始皇以来都属于中原皇朝的河套地区从法律上正式割让给蒙古,俺答虽然不再入侵北京周边,却屡屡入侵明代西北地区,明代最终放弃河西走廊地区,收缩到兰州一带。从经济上看,明蒙互市所购的马匹价格是市价的十几倍到几十倍,这种不等价交换本质上是明代输送给蒙古部落的岁币。

无论是朝贡体系或和亲制度,游牧国家与中原王朝之间的关系有三种:岁币、赏赐和互市。朝贡贸易的利润,为游牧首领及手下的少数贵族垄断,而掠夺的战利品则由各个部落的首领分配给所有人,具有利益均沾的特点。脆弱的游牧经济无法维持统一的国家形态,单于或可汗等最高首领必须领导部众对外掠夺或发展贸易,以经济利益强化内部团结和统治基础。如果最高首领做不到这一点,游牧国家便会分崩离析,还原成互不统属的部落状态。

因此,对于游牧国家的最高首领来说,比如俺答,他的最佳选择显然是和中原王朝和议来榨取岁币,而不是倾力发动大规模战争。隆庆和议的结果显然是蒙古首领自身利益最大化的理性的必然选择,而不是明代文官能力超群的表现。

对于大一统的明代来说,不能像汉唐王朝一样对外发动反击战争,而是忍气吞声地选择如此屈辱的和议。究其原因,并非是明人懦弱,恰恰是财政收支上的平衡不能经受任何冲击。换句话讲,明政府没有足够的政府财力来支持明军与蒙古部落的长期战争。在这种情况下,明政府迫不得已选择屈辱求和。

4.货币自主权的丧失是明亡的重要原因

一条鞭法确定了白银在中国的法定货币地位。这本身对中国经济并不一定会产生负面影响。但是,关键在于明代中国尽管是全球贸易网络和白银货币体系的核心,政府却不拥有自主的货币发行权。

明代的白银供给极度依赖于国际贸易。国产白银数量太少,几乎可以忽略不计。因此,明代白银货币的供给量完全由出口商品的数量多寡来决定,出口越多,白银越多,反之白银越少。在这种情况下,明政府完全丧失了货币自主权。换句话讲,海外政治与经济状况会严重影响到中国本土。

1618—1648年,英国、荷兰、法国对西班牙、奥地利的哈布斯堡家族发动了"三十年战争",西欧国家大多参加了这场大战。这场战争让荷兰获得了彻底的独立,成为欧洲名副其实的金融与贸易中心,而中东欧地区却变成一片焦土。

此战结束后,西班牙从此失去了欧洲第一强国的地位,无法阻止荷兰和英国对中国与西班牙商业贸易的持续性海盗式劫掠。荷兰还封锁了西班牙贸易的马六甲商道,中欧贸易受到重创。与此同时,在1630年左右,西班牙殖民地墨西哥的银矿产量急速下滑,西班牙政府开始禁止白银流出。结果,中国商品的出口数量锐减,如出口到欧洲的江南丝绸、茶叶和瓷器等。出口减少就意味着换取的白银减少。这相当于现在政府执行的货币紧缩政策。

正如美国汉学家魏斐德教授所描述的:1620 年至 1660 年间,欧洲市场爆发了贸易危机,以西班牙的塞维利亚为中心的世界贸易体系遭受沉重的打击。中国尽管与欧洲相距遥远,但也不可避免地受到严重影响。在 17 世纪 20 年代欧洲贸易衰退之前,停泊于马尼拉的中国商船每年多达 41 艘,到 1629 年便降为 6 艘,加之当时与中亚贸易的萎缩,新大陆输入中国的白银便大大减少了……明代末年日益恶化的通货膨胀,可能正是白银进口长期不足的严重后果之一———在长江三角洲等人口稠密地区,通货膨胀导致谷价暴涨,给当地城镇居民带来了极大灾难。在 1635 年至 1640 年白银进口量骤减期间,那些主要以养蚕为生的人们处境更艰难了。例如,1630 年松江地区发生了严重旱灾。1632 年米价为每斗 120 钱,到 1639 年上升为每斗 300 钱。浙江北部地区,每石米原来值银一两,到 1641 年上升为每石值银四两①。

如果明政府可以采用铸币制度,或许以两百余年积累的 3 亿～5 亿两巨额白银存量尚能应对这场源自欧洲的经济危机。当时的欧洲国家已继承了源自古希腊罗马的一整套的铸币制度,法定贵金

① 明末清初的叶梦珠在《阅世篇·卷七·食货一》中记载:(1632 年)白米每斗一百二十文,值银一钱,民间已嫌其贵。(1638—1639 年)斗米三百文,计银一钱七八分,识者忧之。(1642 年)时钱值日落,每千值银不过四钱几分。白米每石文银五两,计钱一十二千有奇。这就是说,从 1632 年到 1642 年,米价以铜钱算上涨了 10 倍,以白银算上涨了 5 倍。

属货币统一由国有的铸币厂负责铸造①，按比例收取一定铸币税。通过铸币制度，欧洲国家将货币自主权牢牢控制在自己的手中。

明政府却将铸币权拱手让给了商人、豪强和官吏。在一条鞭法中，缴税的银锭由各地银匠完成铸造，民间流通的小额银锭也由白银持有人自行铸造。而有能力完成铸币工作的只能是拥有财富与权势的工商业者、豪强、官僚和皇族。这就相当于政府将原本属于自己的货币发行权送给了这些人。

根据李稻葵教授的研究，1402 年至 1626 年的 220 多年时间里，人均收入并没有明显变化，基本维持在 8 公石小麦上下，相当于今天的 521 千克。有趣的是，明代白银的大量流入并未导致通货膨胀。明代初期一石米价为两钱五分白银，明代中期涨到五钱，万历皇帝末年涨到七钱。明代其他主要商品价格为：鸡肉四五文、猪肉七八文、牛肉三文、香油十文、普通军马值白银十两。全国最贵的浙江兰溪田地每亩价格为八十两白银。

实际上，对于普通百姓来说，白银只是缴税货币，日常生活的小额交易多为铜钱。巨量白银集中在富商、豪强、官吏和皇族的手中，变成了价值储藏的工具。这些巨量白银的收藏者就像一个采用货币紧缩政策降低货币供给量的中央银行，减少了白银流通量，从而保持了白银购买力。

如果海外白银仍然一如既往地大量流入，并且没有外部军事力量的侵袭，明政府还是可以持续下去的。遗憾的是，这两个条

---

① 科学家牛顿就曾担任过英国皇家铸币局局长，负责监督各个铸币厂的铸币工作。

件同时都不存在了。万历时期,女真民族在东北迅速崛起,引起了政府的财政危机。李稻葵教授的研究指出,明政府收入在经济中所占的比重虽然不大,在 3% ~ 10% ,但支出主要用于高额的军费开支,明中叶以后军费占到了中央政府支出的 60% ~ 90% 。

一方面是海外白银流入的急剧减少,另一方面是财政支出的大幅增加,只有增税才能解决这样的困境。

崇祯初期每年赋税中起解进京归户部控制的不到 400 万两银子。许多部队的军饷都是一拖再拖,有的军队甚至欠饷很多年。魏斐德教授举过这样一个例子:1643 年,崇祯决定检查一下军队供给系统的可靠性,遂遣人暗中查核拨给兵部的 4 万两军饷究竟有多少发到了驻守辽东的士兵手中。结果他得到的报告是:全部军饷均未到达目的地,都在下发过程中消失得无影无踪。

宣大总督卢象升的奏议中这样描述山西边防的情况:现在军饷欠得太多,士兵忍受着饥饿和盛寒。以前借债制作的弓矢枪刀,现在能卖的都卖了,能当的都当了。在练武场训练的时候,寒风像箭一样吹过,很多羸弱多病和缺少营养头晕倒地的士兵纷纷请假。每次给士兵点名,都能看到很多穿着单薄衣裳的,没有裤子可穿的,无鞋赤脚的,见者都潸然泪下。

历史学家黄仁宇认为,在明代后期,尽管有人提议增加税收,但根本无法落实。即使是少得可怜的应收之税也不能全额收到。比如在 1632 年,据 340 个县的上报,税收拖欠率超过 50% ,甚至其中有 134 个县事实上没有向中央政府缴纳任何赋税。而被调查的这 340 个县的财政收入占全国的 1/4 以上,可见全国其他地方赋税收缴的情况也差不多。

在这种情况下,明政府的实际统治者也就是文人士大夫群体还大肆污蔑崇祯加派的三饷①。他们不断给崇祯皇帝上疏，极力攻击增税政策。在这些文人士大夫看来，增税是天怒人怨，罪恶滔天。凡是向崇祯皇帝建议增收赋税的官员，都被他们描绘成小人。

实际上，万历在江南地区增收的赋税总共才 300 多万两白银，大致相当于当时江南地区三四个中等富商的资产总和而已。语文教科书中的《五人墓碑记》给人们造成了错误的印象，似乎是万历贪财，民众抗税有理。实际上，这些抗税的行业都是高利润的丝织业、银矿等，增加这些行业的赋税在一定程度上是合情理的。

黄仁宇曾经估算，晚明政府来自海外贸易和国内长途贩运商业的财政收入仅占全国财政总收入的 1.1%，其中海外贸易的比例更低，仅为 0.22%。即便这一块的财政收入如此之少，都未完全进入国库，有很大部分被地方官吏和富商瓜分了。经商之利大多落入商人口袋。比如在 1550 年，户部尚书估计实际上政府仅仅征收了两淮产盐总量的 40%，其余 60% 的食盐则落入了贩卖私盐的商人手中。

再做一个简单的对比，晚明郑成功父亲郑芝龙领导的商业贸易集团的收益，一是海上贸易，二是对海商们每船征取 3 500 两白银的保护费。这两项收入之和每年竟然可以达到 1 000 万两白银。郑芝龙集团很快便积累了巨额资产，甚至在清军收复台湾时，郑氏家族还残留 1 800 多万两白银。而明政府商业税每年才

---

① 崇祯三饷即辽饷、剿饷、练饷。辽饷是为筹充辽东军饷、对付后金而加派的田赋。剿饷是为筹措镇压民变军饷而加派的田赋。练饷是以筹措练兵军饷为名加派的田赋。

征收 300 多万两白银而已。

在这种情况下,明政府无法从繁荣的工商业中获得财政资源,只能过度倚重农业赋税。这又造成了土地兼并的程度日趋严重。在 17 世纪初欧洲战乱的影响下,海外流入明代的白银急剧下降,这相当于一次严重的基础货币投放紧缩,而白银的货币储藏职能使大量官僚地主商人将白银窖藏,流通的白银量变得更少。这造成银贵铜贱,以铜钱计价的日常生活用品价格飞涨,而政府以白银征税,又加剧了通货紧缩,经济变得更为凋敝。

与此同时,天灾和疾疫又一起袭来。魏斐德教授的研究[1]认为:从 1626 年到 1640 年,罕见的自然灾害席卷中国大地,严重的干旱和洪涝接踵而至……有充分证据表明,这一时期中国遭受了更为严重的干旱和低温的袭击,致使北方农作物生长季节比正常年景缩短了两个星期。据地方志载,黄淮平原地区的大旱之年,有 1024 年、1297 年、1326 年、1465 年、1506 年、1509 年、1585 年、1640 年、1650 年、1669 年和 1786 年……同一时期,长江中游和淮河流域的河流在冬季全部封冻。接连不断的饥荒,伴随着蝗灾和天花,导致人口大量死亡……经过这场浩劫,晚明的人口总数大幅度下降。有的学者甚至提出,从 1585 年到 1645 年,中国人口可能减少了 40%。

明代最终亡于灾荒与白银短缺中。对于白银货币化,明政府只知其一不知其二。当时的明代统治者只想利用白银的货币化来进行管理制度的改革,却没想到将白银当成一种货币,会引发

---

① 魏斐德:《洪业——清朝开国史》,陈苏镇、薄小莹等译,南京:江苏人民出版社,1998 年版,第 6 页。

明财政机制的质变。在白银货币化之前,财政收入中包含很大一部分以粮食为主体的实物经济成分。粮食、布匹等作为国家的实物储备,可以暂时应付天灾人祸。改革后的明政府国库中储备的只有白银,而白银又受控于海外贸易,这就导致明政府碰到天灾人祸时毫无解决的办法。

如果明政府可以像近代英国一样建立中央银行和商业银行网络,将货币发行权牢牢掌控在自己手中,同时根据古代常平仓原理建立战略物资储备系统,即便海外贸易下降,外族大肆入侵,明代也不一定会灭亡。归根究底,张居正的一条鞭法改革并未解决整个社会的根本矛盾,即权贵熏天的官商利益集团与普通农民之间的矛盾。这便是明政府军事危机和财政危机的根源。一条鞭法改革只能暂时缓解财政困境,而且这种缓解的前提条件是政府支出的收缩。一旦政府因为天灾人祸,比如大规模的战争、大范围的自然灾害等,导致支出大幅增加,财政危机与货币危机便会接踵而至了。

5. 明清嬗代与文明倒退

　　朱元璋的理想是要将国家建成一个由无数自耕农组成的庞大的耕战之国,但历史演变的轨迹脱离了建国者的最初设想。明代中后期,工商业极为繁荣。

　　以粮食为例,有些地区成为专业的商品粮生产基地,比如江西赣州生产的粮食主要销往南昌、江浙地区。有些地区原本粮食可以自给,却普遍种植经济作物,变成了纯粹的粮食进口地区。比如苏南、浙北地区主要种植桑、棉等经济作物,粮食主要购自湖北、江西九江、安徽合肥和安庆等地。除了粮食之外,各地出产的铁器、瓷器、纸张等手工艺品与食糖等加工制品每天都源源不断地由商人们运往全国各大中小城市的店铺中。

　　从表面形式上看,明代有过近两百年的禁海史。明代立国之初,朱元璋曾下过禁海诏令:寸板不许下海,片帆不准入港。直到1567年,明政府才正式立法开放海禁,准许人民从事海外贸易。但上有政策,下有对策。禁海令形同虚设,明代海外贸易日益繁荣,这也是白银流入的原因。

　　明政府的禁海令不仅没有起到朱元璋所希望的效果,反而因政府的较少关注,海外贸易的高额利润未被政府征到一两白银的赋税,全部进入了民众的口袋,这进一步刺激了沿海居民出海贸易的欲望。比如,郑成功的父亲郑芝龙出身小吏家庭,后来在海外贸易中获取了巨额利润,郑氏家族的国际贸易船队在中国与东南亚的贸易网中成为权势熏天的最大集团。在明代中后期,菲律宾马尼拉港的船舶绝大部分是来自中国的商船。1586—1590年,马尼拉来自中国商品的进口税占进口税总额的36%,到了1611年则占到了91.5%。

除了商业之外,明代的手工业也很发达。纺织业、印刷业、陶瓷业、造船业、建筑业、制糖业、造纸印刷业等都达到了历史上前所未有的水平。比如冶金业,早在永乐初年(1403年),铁产量就已相当于18世纪初整个欧洲的产量总和。

与以前的朝代相比,明代工商业的特点是私人经营。宋代也是一个工商业繁荣的朝代,但多为官营,而明代的工商业几乎是经济学教科书中所描述的理想模型那样的完全私有化。明代中后期,除了制盐业等个别行业外,几乎所有的手工业都摆脱了政府控制。

比如在当时的陶瓷业中心景德镇,有3 000多座民窑,官窑仅有几十座,每座官窑的规模只有民窑的四分之一到三分之一。民窑生产的陶瓷大多作为商品供应市场,只有0.8%的产能用于宫廷御用瓷器的烧造。煤窑亦然,比如北京市郊门头沟官窑只有一两个,而私营的煤窑却极多。1603年,明政府打算给采煤业增加一些赋税,结果导致门头沟采煤矿工和运煤脚夫集体罢工,进入京城游行示威以抗议政府增税。由此可推断出当时的煤矿规模相当大。

明代还出现了大量工商业中心城市,比如,苏州、芜湖、杭州、南京、扬州、汉口、临清、福州、漳州、广州等。以芜湖为例，明代中后期，作为全国民间冶炼中心的芜湖出现了当时最先进的冶金铸造工艺，称为芜钢工艺。当时，芜湖有大型钢坊8家，其中著名者有濮家店、葛永泰、马万盛等，中小型钢坊更多。钢坊已有商标，濮家店钢坊就拥有万兴商标，芜湖钢坊生产的优质钢畅销大江南北诸多省份。

随着工商业的发展，明代的工商业从业人员形成了一个工商业利益集团。这个利益集团在明代中后期逐渐执掌了政治大权。中国古代的皇朝大多禁止工商业者及其子弟参加科举考试。即便在商业繁荣的宋代，商人阶层通过科举跻身仕途的空间还是很狭窄的。到了明代，彻底放开了出身的限制，任何阶层的人包括商人阶层都可以参加科举考试。明代科举考试的作用，不仅仅是选拔人才，更重要的是在各利益阶层之间进行政治权力的分配。

工商业阶层参加科举考试具有经济优势，他们的经济基础远远优于普通农民，有充裕的资金投资教育。明代中后期，工商业阶层通过科举彻底控制了整个政府。比如，东林党领袖顾宪成就是典型的工商业阶层出身。其父，当过酒商、粮商、浆染商。东林党另一位著名人物高攀龙的祖父高材、父亲高梦龙是高利贷从业者。明代商业税很低的主要原因就是这些工商业阶层在政府运作的结果。这也是明政府无法走出财政困境的主要影响因素。

经济的发展促进了科学思潮的兴起。明代涌现出一大批世界级的科学家，研究领域也开始专业化，出现了瘟疫学、地质学等诸多精细分类的学科。自然科学思想在士人中受到普遍接受和关注，徐光启提出在中国发展十项科学技术事业的计划，黄宗羲甚至主张以自然科学取士。

1581 年，明太祖朱元璋九世孙朱载堉的《律历融通》《算学新说》《律吕精义》等科学著作问世，提出"凡天地造化，莫能逃其数"的命题，正是对"一切自然规律都可用精确的数学语言来表达"这一近代科学原理的精辟概括。他开创了与近代欧洲自然科学同样的发展方向，即研究和发现自然哲学的数学原理的方向。

1607 年，利玛窦与徐光启合译的《几何原本》问世。此后，《浑盖通宪图说》《泰西水法》《同文算指》《天学初函》等一大批科学著作相继出现，而所有这些著作的编译宗旨都无不强调"缘数以寻理"的科学方法和"数于艺无处不寓"的应用价值。

17 世纪初，王徵在扬州刊刻《远西奇器图说》《诸器图说》，论说数理科学乃是机械力学和精密机器制造的基础。徐光启使用伽利略发明的天文望远镜观测日食，引进西洋火炮。顾炎武作《天下郡国利病书》，畅论坚船利炮及战守之策。17 世纪 30 年代，徐光启编撰的《农政全书》和《崇祯历书》大功告成，宋应星的《天工开物》问世。《徐霞客游记》在火成岩、地热现象和喷泉的关系，流水对岩石的侵蚀作用，植物对气候的依赖关系等方面的认识，都达到了当时的世界最高水平。

工商业阶层的崛起引发了晚明时代的政治与文化思想大爆炸。当时的社会政治透明度和言论自由度都得到了巨大的提高。官方报纸，如政府发行的《邸报》等，主要向社会大众提供各种政治报道、经济报道（朝廷各部门的财政收支）、教育报道、军事报道、重大突发事件报道和时事评论。

有时候，官方报纸会公开极为敏感的政治讨论。比如揭露官场黑暗的文章可以公开刊登。如雒于仁批评万历皇帝的《酒色财气四箴疏》：皇上之恙，病在酒色财气也。夫纵酒则溃胃，好色则耗精，贪财则乱神，尚气则损肝。这样的奏议都可以在官方报纸上看到①。明代末帝崇祯在大臣言事忤旨时下诏宣布"朝廷不以语言文字罪人"，重申了明政府对言论自由的重视。

正因如此，明政府允许民间自设报房，翻印部分《邸报》稿件，公开出售。这些报坊多设在北京，故它们所发行的报纸通称为"京报"。"京报"的内容分皇帝谕旨、朝廷政事和官员奏折三部分，有的还刊载一些社会新闻。明代既有抄报行、报房，又有送报人，报业开始逐渐成为一个独立的行业。

清替代明后，历史走到了转折点。清军的军事征服严重破坏了明代的先进生产力，摧残了初步发育的工商业。军事征服是异常血腥的，所谓"大兵所至而田舍一空"。诸多经济繁荣的大中小城市都遭受了残酷的焚杀和掠夺。

荷兰使节约翰·纽霍夫在其《在联合省的东印度公司出师中国鞑靼大汗皇帝朝廷》一书中记述：鞑靼全军入城之后，全城顿时是一片凄惨景象，每个士兵开始破坏，抢走一切可以到手的东西；妇女、儿童和老人哭声震天；从11月26日到12月15日，各处街道所听到的，全是拷打、杀戮的声音；全城到处是哀号、屠杀、劫掠。

在蒲松龄的《聊斋志异》中，这方面的资料亦有反映。毛泽东曾讲过：《聊斋志异》可以当作清朝的史料看。《聊斋志异》其

① 根据现代考古研究，万历二十几年不上朝的原因主要是身体肥胖虚弱，而且患有严重的骨科病，腿脚不太方便。万历帝在内宫还是勤于政务的，临死前还念念不忘那些尚未批阅完的奏章。可参阅杨仕、岳南所著的商务印书馆2012年出版的《风雪定陵》一书。

实是一部社会小说。鲁迅把它归入"怪异小说",是他没有接受马克思主义以前的说法,是搞错了。《鬼隶》一文有这样一段文字:"无何,北兵大至,屠济南,扛尸百万。"《公孙九娘》一文的背景是清兵在山东栖霞和莱阳的大屠杀,导致怨气不散的鬼魂聚集居住在一起形成了一座叫莱霞的鬼城。此外,《韩方》《张诚》《李伯言》《竹青》《鬼哭》和《梦狼》等文都从侧面反映了清军入关后对明人的残酷屠杀。

明代崇祯时期,全国人口在两亿左右,而清廷在康熙初期的人口可能不到 5 000 万,人口损失 2/3 以上。清廷建立统治之后,全国的耕地面积相比明代急剧减少。万历三十六年(1608年),明代的耕地面积是 11 618 948 顷,约等于 11.6 亿亩土地,而清代顺治十八年(1644 年),全国耕地数量也就 5 亿多亩。四川几乎抛荒。在北京以至山东、河南境内又大量圈占土地 168 ~ 527 顷,牧场和各省 6 万多顷的驻防旗田还不在内。许多汉人被满洲贵族强迫为耕奴。

清政府完全抛弃了明代的工商业与自然科学遗产,愚昧自大,闭关锁国,拒绝开放,顽固推行强化农耕体制,限制工商业的发展,禁止民间对外贸易。在文化领域,清政府大兴文字狱,禁锢整个社会的思想自由与言论自由,全面镇压和禁止知识分子党社运动,彻底扼杀了晚明思想启蒙的势头,建立起高度集权的专制体制。

在经济上,清政府将大量过剩劳力控制在有限耕地之中,采用劳动密集型的经营模式。这样的自然经济尽管可以使整个政权稳定,但严重阻碍了商业和手工业的发展。结果,由于过剩的人口与固定的耕地,整个清代的国产总收入虽然一直在增长,但人均收入一直很低,整个社会陷入了"左无才相,右无才史,阃无才将,庠序无才士,陇无才民,里无才工,衢无才商,抑巷无才偷,市无才驵,薮泽无才盗,则非但鲜君子也,抑小人甚鲜"①的衰世局面。

　　吕留良曾这样评鉴康熙时代的情况:今日之穷,为羲皇以来所仅见②。英国使华特使马戛尔尼则如此评价乾隆时期的中国:自从满洲鞑靼征服以来,至少在过去150年里,没有改善,没有前进,或者更确切地说反而倒退了;当我们每天都在艺术和科学领域前进时,他们实际上正在变成半野蛮人③。由此可见,明清嬗代不仅是一种经济上的停滞,确实也是一种文明上的倒退。

　　① 见龚自珍:《乙丙之际箸议第九》。
　　② 清雍正皇帝《大义觉迷录》所引吕留良语。
　　③ 转引自吴承明、许涤新:《中国资本主义发展史·第一卷》,北京:人民出版社,2003年版,第395－397页。

6. 鸦片贸易与白银经济的衰落

从 18 世纪开始,中国茶叶在英国已成为普通人的日常生活必需品,而茶叶在英国的关税为 90% ~ 100% 。如果茶叶不能按时按量地保证供应,就可能严重影响英国的社会安定和国家财政收入。但中国人对英国的产品毫无兴趣,漠然视之。19 世纪,英国官员米契尔这样写道:

"中国人的习惯是这样节俭,这样因循守旧,甚至他们穿的衣服都完全是以前他们祖先所穿过的;这就是说,他们除了必不可少的以外,不论卖给他们的东西多么便宜,他们一概不要。"

"一个靠劳动为生的中国人,一件新衣至少要穿上 3 年,而且在这个期间还要能经得住干最粗的粗活时的磨损,不然他们是添置不起的。而像那样的衣服所用的棉花,至少要相当于我们运到中国去的最重的棉织品所用棉花重量的 3 倍⋯⋯他们就用这种家庭自织的料子,一种粗重而结实、经得起两三年粗穿的布料,来缝制自己的衣服;而将余下来的拿到附近城镇去卖,城镇的小店主就收购这种土布来供应城镇居民及河上的船民。这个国家十分之九的人都穿这种手织的衣料⋯⋯生产者所用的成本简直只有原料的价值⋯⋯我们的制造商只要稍稍思索一下这种做法的令人赞叹的节俭性,以及它与农民其他活路的可以说是巧妙地穿插配合,就会一目了然,以粗布而论,他们是没有任何希望与之竞争的……只有节俭的中国人才一干到底。中国人不但梳棉和纺纱,而且还依靠自己的妻女和雇工的帮助,自己织布;他的生产并不以仅仅供给自己家庭的需要为限,而且是以生产一定数量的布匹供应附近城镇及河上船民作为他那一季工作的一个主要部分。因此,福建的农民不单单是一个农民,他既是庄稼汉又是工业生产者。"

另一位英国贵族额尔金勋爵则这样描述当时的中国农民:

"我所看到的情形使我相信,中国农民一般说来过着丰衣足食和心满意足的生活。我曾竭力从他们那里获取关于他们的土地面积、土地占有性质、他们必须交纳的税金以及诸如此类的精确资料,虽所得无几,我已得出这样的结论:他们大都拥有极有限的从皇帝那里得来的完全私有的土地,每年须交纳一定的不算过高的税金;这些有利情况,再加上他们特别刻苦耐劳,就能充分满足他们衣食方面的简单需要。"①

结果,英国与中国之间的贸易产生了巨大的逆差。1710—1760年,英中逆差总额高达2 600万英镑,相当于1亿400万两白银,几乎耗尽英国的白银储备。在当时的英国,普通警官每周收入不过1英镑,一个码头工人每小时的收入才寥寥6便士②。

输入中国的白银主要来自非洲、美洲的三角贸易。英国人用英国工业品、烈酒等换取非洲黑人,再把黑人卖给美洲奴隶主换

---

① 中共中央马克思恩格斯列宁斯大林著作编译局:《马克思恩格斯全集》第13卷,北京:人民出版社,1975年版,第601－605页。

② 在英格兰银行1971年实行新货币进位制之前,1英镑等于20先令,1先令等于12便士。

取白银以及美洲白糖、棉花、咖啡等土特产。美洲是全球最大的白银产地，其中至少有一半以上都随着中英茶叶贸易流入中国。整个18世纪，白银占英国东印度公司对华输出货值的90%。如果从公元1000年开始算起，由于中国与外部世界的贸易长期出超，在鸦片大规模输入之前，中国拥有了全球2/3的白银储量。

18世纪70年代之后，美洲许多银矿枯竭，白银产量持续下降，英国人无法用越来越少的白银来维持中国茶叶的进口量。东印度公司与英国政府为扭转贸易逆差的局面，开始打起鸦片的主意。

从孟加拉运送鸦片到中国的计划最先由东印度公司高级职员华生提交给公司的加尔各答董事会，并得到董事会成员惠勒的支持。该计划的初衷原为增加税收以弥补英属印度政府的财政赤字。其具体做法是：东印度公司并不需要明目张胆地参与罪恶的鸦片交易中，只要幕后操纵即可。东印度公司私下授予一些自由商人对中国的特许贸易权，将鸦片批发给他们。这些自由商人将鸦片装船经海路运往广州卸货并换成白银，再由中国商人走私上岸，收入东印度公司的广州财库，广州财库支付自由商人伦敦汇票，后者可于英国将汇票兑换成现金。自由商人只能输送非东印度公司生产的鸦片，否则严惩不贷。

很快，英国政府和东印度公司董事会便接受了这个计划，东印度公司专门成立鸦片事务局，垄断印度鸦片生产和出口，有组织、有计划地向中国输送鸦片。1773年，东印度公司确立鸦片专卖制度，首次从加尔各答向广州输入鸦片，开启了长达140年的向中国贩卖鸦片的罪恶历史。英国鸦片贩子为打开中国市场，把罂粟的麻醉作用加大力度宣传，以致中国人普遍认为鸦片有添福添寿的功效,因此又称之为福寿膏或长寿膏。

1773 年是中英贸易发生逆转的关键。这一年,外国输入中国的鸦片达 1 000 箱。到 1790 年,已增加到 4 045 箱,其中东印度公司占最高比例。1796 年,中国政府宣布禁烟。两年后,考虑到与中国外交方面的因素,东印度公司不再做鸦片的直接出口商,而成了鸦片的生产者,鸦片贸易转由其发给特许证的自由商人经营。这些自由商人开始以走私、贿赂等违法手段,继续扩大对中国的鸦片输入。

从 1828 年起,中国进口的鸦片价值就已经超过了出口的茶叶价值,英国茶叶贸易逆差完全被逆转。白银通过迂回的方式流进东印度公司的腰包。公司将白银运回印度,东印度公司用伦敦开出的银行汇票买回这些白银,因为东印度公司也就是印度政府,购买白银的汇票实际上相当于现金。他们把白银运回伦敦,交给东印度公司的代理,由代理携带白银前往广东买茶。与此同时,由鸦片进口引起的中国国际收支赤字,导致了中国的白银储备流出。1790—1838 年,输入中国的鸦片价值 2.4 亿两白银。1828—1836 年,中国贸易出超达到惊人的 3 800 万美元,相当于今天的几千亿美元。

英国工业革命后,印度棉纺织业彻底衰败,大量原本种植棉花的印度人开始疯狂改种罂粟。东印度公司的货船依旧充当着运输工具,他们从英国装上制造品,运到印度卖掉,再装上印度盛产的鸦片,然后,运到广东沿岸,把鸦片在中国卖掉,换成茶叶、丝绸,装上船运回英国。

鸦片贸易使英国主宰世界白银市场,不仅导致中国的白银经济衰落,还使中国人陷入悲惨的境地。鸦片对中国人的伤害是全面性的。同治年间,中国吸食鸦片人口达 4 000 万人,占总人口的 1/10。当时中国人口占世界的 25%,而中国消费的鸦片,则占世界鸦片总产量的 85%。鸦片对中国人的影响是长期性的。到 1932 年,中国吸食毒品的人数为 8 000 万,占当时人口的 16.8%。即便到了 1949 年,四川仍然有 70% 的成年人是鸦片吸食者,云南昆明不到 30 万人口中鸦片成瘾者有 6 万多人。

1813 年,东印度公司对印度的贸易垄断权被取消。1834 年 4 月 22 日,东印度公司对华贸易垄断权被英国政府废除。1834 年以前,所谓的自由商人所组建的洋行已经掌握了一半以上的中英鸦片贸易。外资洋行如雨后春笋般地涌现出来,其中最大的三家,英资怡和洋行和宝顺洋行以及美资旗昌洋行几乎垄断了中国鸦片贸易。

怡和洋行正式名称是渣甸·麦迪逊公司,由苏格兰人威廉·渣甸和詹姆士·麦迪逊创办。渣甸 1802 年离开英国前往印度,曾受雇于东印度公司。1817 年渣甸脱离东印度公司,加入自由商人行列,开始了鸦片走私的生涯。麦迪逊亦曾在东印度公司任职,1815 年成为自由商人,1818 年前往广州开始从事鸦片走私活动。1832 年 7 月 1 日,渣甸和麦迪逊在广州合伙创办了怡和洋行。1834 年,怡和洋行取代东印度公司,成为英商对中国进行鸦片贸易的主角。就在东印度公司贸易垄断权被废除后的 3 个月内,怡和洋行运往广州的货物达 75 船,占当时广州对外贸易总额的 1/3。

19 世纪 40 年代初,渣甸当选英国下议院议员,并成了当时英国外交大臣巴麦尊勋爵的心腹。麦迪逊也当选为议员,在下议院一干就是 25 年。后来,他还当了英格兰银行行长,是英国第二大土地所有者,所有这一切都源自从鸦片贸易中赚到的钱。

1805 年,三只美国船装上鸦片开向广州,从此,美国商人开始了对华鸦片贸易。一开始他们从土耳其,后来从波斯购买鸦片贩运到中国。美国对华鸦片贸易仅次于英国,1817—1818 年美国输入中国的鸦片量占各国输华鸦片总数的 42%。在广州的美国洋行除奥利芬一家外,全都参加了鸦片走私活动。从 1805 年美国开始对华输入鸦片到鸦片战争之前,鸦片贸易中的巨额利润源源不断地流入美国,成为美国资本家手中的财富。1848 年去世的 19 世纪美国首富约翰·雅各布·阿斯特所捞到的第一桶金靠的就是贩卖鸦片。这些掠夺来的大量财富,在美国迅速转化为工业和金融资本,促进了美国工业和经济的发展。美国历史学家丹涅特就曾说过:"鸦片贸易,就像奴隶和酿酒厂一样,成为许多美国大资产的基础。"

创办于 1818 年的旗昌洋行则是美国鸦片贸易中的"佼佼者",其前身是美国军官柏坚士 1803 年在广州创办的柏坚士洋行。柏坚士洋行 1818 年就武装走私 1 350 箱鸦片到中国,仅次于东印度公司孟买卖出的走私到中国的鸦片量。旗昌洋行的主要股东和经营者分别有:美国历史上以新政而闻名的富兰克林·罗斯福总统的外祖父沃伦·德拉诺,创办《福布斯》杂志的福布斯家族,普林斯顿大学主要赞助人约翰·克莱夫·格林,哥伦比亚大学主要赞助人阿比尔·洛,开尔文·柯立芝总统的祖父约翰·柯立芝和创办了臭名昭著的美国联合果品公司的约瑟夫·库里奇。

1838 年,林则徐禁烟运动开始了。鸦片贸易是英国对印度与远东地区进行殖民统治的基石。让英国人放弃鸦片贸易,就是要将英国人攘出亚洲。渣甸是伦敦侵华集团核心中的核心人物，在他的授意下，怡和洋行在伦敦的代理人下议院议员史密斯代表鸦片贩子向巴麦尊沟通、协调以对英国政府施压，他们强调清政府是在压制自由贸易，要求英国政府强迫清政府扩大贸易开放、增加通商口岸，尤其要保护鸦片贸易。

其实早在1835年，麦迪逊就在英国游说对中国发动战争，意在强迫中国实行无限制的鸦片进口和一切商品的自由贸易。欲加之罪，何患无辞。1834年，英国外交大臣巴麦尊勋爵任命律劳卑为英国驻广州的商务总监。在巴麦尊的授意下，律劳卑派英国战舰冲击中国在广州设置的阻止鸦片贸易的临时关卡，以制造战争借口。这时候，巴麦尊在英国下议院发表演说宣称：假如把某一个国家标示为英国永远的盟友或永远的敌人，这个政策一定是目光短浅的。我们没有永远的盟友，也没有永远的敌人。永恒的只有利益，我们的职责就是追寻利益。

老奸巨猾的英国政府表面并不公开支持鸦片贸易，不过他们却偷换概念，强调中国内部禁烟并不等于中国官员有权搜查和销毁属于英商的鸦片。于是，英国以保护自由贸易为借口，发动了历史上的鸦片战争。

马克思曾这样评价当时的英国政府："我们不能不特别指出装出一副基督教的伪善面孔、利用文明来投机的英国政府所具有的一个明显的内部矛盾。作为帝国政府，它假装同鸦片走私贸易毫无关系，甚至还订立禁止这种贸易的条约。可是作为印度政府，它却强迫孟加拉省种植鸦片……它严密地垄断了这种毒品的全部生产，借助大批官方侦探来监视一切……这个政府并不满足于这种实际上的共谋行为，它直到现在还直接跟那些从事于毒害整个帝国的冒险营业的商人和船主们合伙,分享利润和分担亏损。"①

当然,战争的结果可想而知,正如当时一位英国军官所说:可怜的中国人要么躺下来吸毒,要么被屠杀,因为支持自己国家的法律而在自己的国土上被成千成百地杀死。经过 1840 年和 1856 年的两次鸦片战争后,鸦片终于以"洋药"的名义成为合法的毒害中国人的进口商品。

1844 年,怡和洋行迁至香港。1843 年,上海开埠。以怡和洋行为首的各国洋行入驻上海。1856 年,上海成为外国鸦片输入中国的集散地,也成为怡和洋行的鸦片贸易中心。直到 19 世纪的最后 10 年,上海进出口贸易中的 3/4 都是鸦片。

1871 年,后起之"秀"沙逊洋行控制了在中国销售的鸦片的70%,取代了怡和洋行鸦片贸易的垄断地位。沙逊洋行 1832 年由犹太人大卫·沙逊创办于印度孟买,上海新沙逊洋行则创设于 1877 年。几年后,沙逊家族就获得了罗斯柴尔德家族的青睐,相互之间有过好几门婚事,通过联姻关系建立起利益共同体。

今日上海所谓具有历史价值的古旧西洋建筑无不建立在中国人累累的白骨与恶臭的鸦片之上。1880 年以后,通过鸦片贸易赚了 1.4 亿两白银的沙逊洋行,开始从事上海房地产开发业务,很快就成了上海房地产的领头羊。旧上海 28 幢 10 层以上高层建筑中,沙逊洋行拥有 6 幢。

英国打赢了鸦片战争,而中国的白银则被劫掠一空,西方对华鸦片贸易进入了一个新的快速扩张期。早期大部分鸦片买卖

① 中共中央马克思恩格斯列宁斯大林著作编译局:《马克思恩格斯全集》第 12 卷,北京:人民出版社,1975 年版,第 588－591 页。

均由欧洲贸易公司或商行代理,并不存在银行之类的专业服务机构。鸦片战争后,商人们所需要的融资金额不断扩大,融资结构也日趋复杂。尤其在作为英国对华鸦片贸易的基地香港,商人们迫切感到需要创办一家在香港注册和管理的银行以应对急剧膨胀的对华贸易。1865年3月3日,汇丰银行应运而生。一个月之后,即1865年4月3日,汇丰银行上海分行也正式开门营业。

汇丰银行初期筹集的500万港币资本很快被来自香港、上海和加尔各答的鸦片贩子全数认缴。汇丰银行临时筹备委员会包括:英国宝顺洋行,美国琼记洋行,英国大英轮船公司,英国磕洋行,德国德忌利士洋行,德国禅臣洋行,英国太平洋,英国费礼查洋行,英国沙逊洋行,英国公易洋行,印度广南洋行,英国搬鸟洋行,丹麦毕记洋行,印度顺章洋行。除大英轮船公司外,其他股东与经营者均为鸦片贩子。

除汇丰银行外,外国资本在华又开设了渣打银行、有利银行等多家银行,均设置在香港。起初这些洋行、银行主要是处理鸦片贸易及其相关的金融业务,后来逐渐控制并操纵中国工业、经济与金融的命脉,在中国近代历史上具有举足轻重的地位。

1949年,各大洋行、银行退出中国内地,龟缩于中国香港,形成了控制香港政治、经济的英资金融财团。1966年,中国"文化大革命"爆发,英资金融财团开始放弃在港业务,以李嘉诚、包玉刚为代表的中资金融财团迅速狙击并夺取其资产与业务。鸦片起家的英资财团这才开始退出中国香港与东亚的舞台。

主要参考文献

[1]蔡洪滨,周黎安,吴意云.宗族制度、商人信仰与商帮治理:关于明清时期徽商与晋商的比较研究[J].管理世界,2008(8):87-99.

[2]陈春声,刘志伟.贡赋、市场与物质生活——试论十八世纪美洲白银输入与中国社会变迁之关系[J].清华大学学报:哲学社会科学版,2010(5):65-81.

[3]陈峰.宋代主流意识支配下的战争观[J].历史研究,2009(2):38-50.

[4]陈苏镇.东汉的豪族与吏治[J].文史哲,2010(6):41-58.

[5]杜车别.关于明代赋税收入过低问题——对话黄仁宇[J].社会观察,2007(9):44-47.

[6]胡铁球.明代"重役"体制的形成——以白粮解运为例[J].社会科学,2012(6):134-146.

[7]黄阿明.明代赋税征银中的负面问题[J].史林,2007(6):124-136.

[8]黄阿明.明代货币与货币流通[D].上海:华东师范大

学,2008.

[9]简修炜,夏毅辉.南北朝时期的寺院地主经济初探[J].学术月刊,1984(1):36-45.

[10]李超民.王安石变法与美国20世纪30年代的新政[J].西安交通大学学报:社会科学版,2001(2):81-87.

[11]李琳琦."儒术"与"贾事"的会通——"儒术"对徽商商业发展的工具性作用剖析[J].学术月刊,2001(6):76-80.

[12]刘光临.明代通货问题研究——对明代货币经济规模和结构的初步估计[J].中国经济史研究,2011(1):72-83.

[13]刘军.明清时期白银流入量分析[J].东北财经大学学报,2009(6):3-9.

[14]明旭.明代徽商"贾而好儒"现象的研究[D].杭州:浙江大学,2012.

[15]彭信威.中国货币史[M].上海:上海人民出版社,1958.

[16]邱永志.明代货币结构的转变及其原因——以白银的货币性质为分析视角[J].南京大学学报:哲学·人文科学·社会科学,2013(5):116-125.

[17]司马光.资治通鉴[M].胡三省,注.北京:中华书局,2011.

[18]王世华.论徽商与封建政治势力的关系[J].安徽师大学报,1995(1):56-65.

[19]王曙光.农村信贷机制设计与风险防范:以王安石青苗法为核心[J].长白学刊,2009(1):111-115.

[20]王文书.宋代借贷业研究[D].保定:河北大学,2011.

[21]王兴亚.清初的经济政策与社会经济的缓慢恢复[J].

郑州大学学报:哲学社会科学版,1995(5):58－67.

[22]王云裳.宋代军队经营活动中所涉及的法律刑名与惩治手段[J].浙江社会科学,2011(7):107－111.

[23]王云裳.宋太祖任边帅"皆富于财"的怀柔政策及影响[J].浙江师范大学学报:社会科学版,2010(1):66－69.

[24]佚名.宋史全文[M].李之亮,点校.哈尔滨:黑龙江人民出版社,2005.

[25]余治国.世界金融五百年上[M].天津:天津社会科学院出版社,2011.

[26]余治国.世界金融五百年下[M].天津:天津社会科学院出版社,2011.

[27]张国庆.辽代的寺田及相关问题探究[J].中国农史,2010(4):66－75.

[28]张海英.明中叶以后"士商渗透"的制度环境——以政府的政策变化为视角[J].中国经济史研究,2005(4):130－139.

[29]赵丽.著名徽商胡雪岩的"官商结合"之道[J].福建论坛:社科教育版,2008(S1):125－126.